ভাবনার কিনারে (প্রথম ভাগ)

সঞ্জীব নায়ক

প্রথম প্রকাশ: পয়লা বৈশাখ, ১৪৩৩

আইএসবিএন (**ISBN**):

প্রকাশক:
নোশন প্রেস (Notion Press)
চেন্নাই, ভারত।
www.notionpress.com

দাবিত্যাগ (**Disclaimer**):

এই বইয়ের সমস্ত কবিতা এবং বিষয়বস্তু লেখকের নিজস্ব সৃষ্টি ও অনুভূতি। কোনো ব্যক্তি, গোষ্ঠী বা ঘটনার সাথে এর কোনো মিল থাকলে তা সম্পূর্ণ অনিচ্ছাকৃত এবং কাকতালীয়। বইটিতে প্রকাশিত মতামতের জন্য সম্পূর্ণভাবে লেখক দায়ী।

ভূমিকা

চারপাশের কোলাহল পেরিয়ে যখন সব শান্ত হয়ে আসে, মনের গহীন উঠোনে তখন কিছু নীরব শব্দের আনাগোনা শুরু হয়। 'ভাবনার কিনারে' বইটির জন্ম সেই নিভৃত নীরবতা থেকেই।

এটি কেবল নিখুঁত ছন্দের মহড়া নয়; এটি আয়নার সামনে দাঁড়িয়ে নিজের আসল রূপটি খোঁজার এক অকপট স্বীকারোক্তি। সমাজের চাপ আর প্রত্যাশার মুখোশের আড়ালে যে মানুষটা একা, এই কবিতাগুলো সেই হারিয়ে যাওয়া 'আমি'কে ছুঁয়ে দেখারই প্রচেষ্টা।

আমি কোনো উপদেশ দিইনি, শুধু নিজের ভেতরের সংশয়, অভিমান আর সমর্পণের মুহূর্তগুলো তুলে ধরেছি। পাতা উল্টাতে গিয়ে কোনো একটি লাইনে যদি আপনার মনে হয়— "এ তো আমারই না-বলা কথা", তবেই আমার এই পথচলা সার্থক। ভাবনার কিনারে আপনাকে স্বাগত।

— সঞ্জীব নায়ক

ভাবনার কিনারেঃ সূচিপত্র

পর্ব ১ঃ মুখোশ ও আত্মানুসন্ধান (১-২২)

১. আমি কি আমি? ... ১

২. মুখোশের আড়ালে ... ৩

৩. মায়ার আবরণ ... ৫

৪. নিখুঁত মায়া ... ৭

৫. ছায়ার কারবার ... ৯

৬. খাঁটিত্বের আয়না ... ১১

৭. রূপের ভ্রম ... ১৩

৮. আলোর মোহ ... ১৫

৯. অগভীরের ঘোর ... ১৭

১০. তুই কে? ... ১৯

১১. মিথ্যে অবতার ... ২১

পর্ব ২ঃ সমাজ ও বিষাদ (২৩ – ৪৪)

১২. ব্যস্ততার ঘড়ি ... ২৩

১৩. ভালত্বের তকমা ... ২৫

১৪. সভ্য পশু ... ২৭

১৫. দ্বৈত মমতা ... ২৯

১৬. অদৃশ্য বাজার ... ৩১

১৭. অদৃশ্য প্রলোভন ... ৩৩

১৮. এ কেমন পূজা? ... ৩৫

১৯. পুণ্যতার ঘাট ... ৩৭

২০. ধার করা অপরাধ ... ৩৯

২১. প্রশ্নের দেওয়াল ... ৪১

২২. বধিরতার ভান ... ৪৩

পর্ব ৩: অন্তর্দ্বন্দ্ব ও জাগরণ (৪৫-৯৪)

২৩. শূন্যতার গহীনে ... ৪৫

২৪. শব্দহীন লড়াই ... ৪৭

২৫. দশ ফিট পথ ... ৪৯

২৬. জেতার খিদে ... ৫১

২৭. চাহিদার বিভ্রম ... ৫২

২৮. মনের বেড়া ... ৫৩

২৯. আশার বাঁধন ... ৫৫

৩০. প্রত্যাশার অসুখ ... ৫৭

৩১. আত্মত্যাগের দহন ... ৫৯

৩২. দায়িত্বের বাঁধন ... ৬১

৩৩. নিয়ন্ত্রণের চাদর ... ৬৩

৩৪. বিবেকের লাগাম ... ৬৫

৩৫. দেহের রণাঙ্গন ... ৬৭

৩৬. ভয়ের খাঁচা ... ৬৯

৩৭. স্বপ্ন হত্যা ... ৭১

৩৮. মিথ্যে পথ ... ৭৩

৩৯. পথভোলা পথিক ... ৭৫

৪০. আত্ম রামায়ণ ... ৭৭

৪১. আত্মহনন ... ৭৯

৪২. দায়ভারের দর্পণ ... ৮১

৪৩. চিন্তার ফাঁদ ... ৮৩

৪৪. কল্প কারাগার ... ৮৫

৪৫. অস্থিরতার মরীচিকা ... ৮৭

৪৬. ইচ্ছার ধোঁয়া ... ৮৯

৪৭. মায়ার শেকল ... ৯১

৪৮. অহং যোগান ... ৯৩

<u>পর্ব ৪: প্রেম, বিরহ ও সমর্পণ</u> (৯৫-১১২)

৪৯. অচেনা স্পন্দন ... ৯৫

৫০. অতলস্পর্শ ... ৯৭

৫১. অশেষ তৃষ্ণা ... ৯৯

৫২. তুমিহীন আমি ... ১০১

৫৩. আজও আমি তোমায় খুঁজি ... ১০৩

৫৪. সমর্পণেই পূর্ণতা ... ১০৫

৫৫. অদেখা বাঁধন ... ১০৭

৫৬. ছায়াগল্প ... ১০৯

৫৭. শর্তহীন ছায়া ... ১১১

পর্ব ৫: দর্শন, চেতনা ও অসীম শান্তি (১১৩-১৪৮)

৫৮. লিখনরেখা ... ১১৩

৫৯. মুক্ত দ্রষ্টা ... ১১৫

৬০. জীবন তরণী ... ১১৭

৬১. নির্লিপ্ত দ্বীপ ... ১১৯

৬২. মাটির প্রদীপ ... ১২১

৬৩. পাখির দিশা ... ১২৩

৬৪. নিয়তির স্রোত ... ১২৫

৬৫. মনের মাটি ... ১২৭

৬৬. বোধের মোহ ... ১২৯

৬৭. নীরব উপহার ... ১৩১

৬৮. অস্তিত্বের অধিকার ... ১৩৩

৬৯. খুশির চাবি ... ১৩৫

৭০. স্রষ্টার অস্তিত্ব ... ১৩৭

৭১. অবিভাজ্য সত্য ... ১৩৯

৭২. তরঙ্গের স্পন্দন ... ১৪১

৭৩. স্রোতের অনুকূলে ... ১৪৩

৭৪. অসীম বর্তমান ... ১৪৫

৭৫. মালিকানার দাবিদার ... ১৪৭

আমি কি আমি?

আয়নায় চেয়ে আজ থমকে দাঁড়াই, এ কার প্রতিরূপ?
চেনা মনে হয়, তবুও অচেনা, নির্বাক– নিঃশ্চুপ।
এই কি আমি? নাকি সেই ছায়া যা তোমরা দেখতে চাও?
বললে আমায়– "সময় থাকতে, নিজেকে সামলে নাও!"

লোকলজ্জার ভয়ে আজ, গড়েছি এক মিথ্যে রূপ,
যেথা বিলাসিতা আর হাসির আড়ালে সততা সদাই চুপ।
সততার রেশ আজ আর নেই, গড়ি শুধু কৃত্রিমতায়–
"ভিতরের আমি" বন্দি পাখি, সই তাই নীরবতায়।

সে আজ খাঁচায় আটকে, আকাশ ছোঁয় না তার ডানা,
উড়তে চাইলেই সমাজের ওই নিয়মে যে শত মানা।
ঝড়ের দিনেও বৃক্ষ তো একা দাঁড়িয়ে থাকতে জানে–
ডাল ভেঙে পড়ে, তবুও মুখোশ পরে না, নিয়মের বাঁধনে।

সে বলে না কিছু, বোঝায় তবু– "আমি আজও টিকে আছি,"
তবে আমি কেন মানুষ হয়ে মুখোশ পরে বাঁচি?
বাঁচা শেখা এই সমাজে আমার, অব্যক্ত অভিমান–
মনের গহীনে সদাই বাজে তাই, ভাষা হারানো এক গান।

কোলাহলে আজ ভুলে যাই আমি, আসল স্বরূপ কী ছিল?
ভাবতে গেলেই ভিতরে আমার সব সুর হয় এলোমেলো।
কেউ এসে যদি শুধায়— "আমি কেমন আছি?"
সে চলে গেলে আমি ভিতরেই যেন নিভৃতে গুমরে বাঁচি।

লুকিয়ে রেখেছি নিজেকে বুঝি, অপ্রিয় হওয়ার ভয়ে?
নিজস্বতা মানেই বিদ্রোহ, তাই বাঁচি মুখোশ লয়ে।
তোমাদের ছাঁচে নিজেকে ঢেলেছি, কারণ অগ্রাহ্য আমার সত্য—
কিন্তু এই দ্বিচারিতায় ক্লান্ত আমি, পচে গুমরে তথ্য।

ছিঁড়ে ফেলি তাই, আজ এই মুখোশ, করি না আর অভিনয়,
আবেগপ্লাবিত এই মানুষটাই আমি— লাগেনা আজ আর ভয়।
তোমাদের ছাঁচে মিলাবো না আর, বাঁচব নিজের অনুভবে—
জীবন আমার সত্তার পথে, সদা আত্ম–অভিমানে রবে।

মুখোশের আড়ালে

এক যে ছিল কারিগর, তার নিপুণ হাতের কাজ,
হরেক রকম মুখোশ বানিয়ে চাইত করতে রাজ।
দুমুঠো ভাতের তরে, এক ফন্দি আঁটিল মনে—
নিজের মুখেই পরল মুখোশ হাসির প্রলোভনে।

বাইরে যখন ভীষণ খরা, হাহাকারের মেলা,
মুখোশ তাহার হাসছে তখন, চলছে বিনোদনের ভেলা।
প্রথমে সেই মুখোশ ছিল পাতলা রঙের স্তর,
চেনা যেত আড়াল থেকে আপন এবং পর।

রোদ—বৃষ্টির ঝাপটা থেকে ঢাকত আসল মুখ,
মিথ্যে সাজেই আসত ফিরে, কিংবা হয়ত নামমাত্র সুখ!
কিন্তু সময় বইল যখন চতুর মায়ার টানে,
মুখোশ হলো চামড়া তার, কেউ কি তা জানে?

কারিগর আজ ভুলেছে নিজের আসল চোখের জল,
মুখোশ হাসলে হাসতে হয় যে— এ বড় কঠিন ছল।
লবণাক্ত ঘামগুলো সব ভেতরেই যায় জমে,
আসল ত্বকটা গুমরে মরে গুমোট এবং ভ্রমে।

মুখোশটা আজ বড্ড শক্ত, পাথুরে তার টান—
নিজের গড়া খাঁচায় আজ কয়েদি তার প্রাণ।
আয়না যখন সামনে আসে, কারিগর হয় থর,
নিজের চোখের মণিতে দেখে এক অচেনা পর।

খুলতে গিয়ে দেখে সে হায়, নেই তো কোনো ফাঁক—
মুখোশ যেন সত্তা তাহার, ভুলে মনের ডাক।
মুখ আর মুখোশ মিলে মিশে হয়ে গেছে একাকার,
কারিগর আজ খুঁজে ফেরে— কোন মুখটা তার?

সবাই দেখে শিল্পটি তার, কেউ চেনে না তাকে,
নিজের কারণে বন্দি সে আজ, এক কারু-কারায় থাকে।
যে সাজ দিয়ে জয় করেছিল বিনোদনের এই হাট,
সেই সাজেই আজ স্তব্ধ হলো কারিগরের নিঃশব্দ পাঠ।

মায়ার আবরণ

বহুকাল ধরে গৃহকোণে মুখ ঢেকে আছে এক আরশি,
মলিন কাঁচের গায়ে ধুলো জমেছে রাশি রাশি।
ঝাপসা ধূসর মায়ার ঘোমটে ঢাকা গেছে তার মুখ,
ছায়ার আড়ালে হারিয়েছে তার আজন্ম চেনা সুখ।

সুখহীন সেই আঁধার কোণে আরশি নিজেকেই গেছে ভুলে,
আবছা প্রতিবিম্বকেই সত্য ভেবে মনের দ্বার সে খোলে।
সে ভাবে হয়তো, এই মলিনতাই তার ললাটের লিখন,
নিজের ভেতরের স্বচ্ছতা ভুলে, আঁধারে মজেছে তার মন।

সারা গা আবৃত ধুলোর প্রলেপে, ভাবে এই তো চিরন্তন,
অহংকারের ধূসর আস্তরে ঢাকে তার সরল মন।
বাইরের যত চাওয়া–পাওয়া এসে প্রতিদিন অঙ্গে রয়,
আয়না জানে না— এক শুদ্ধ সত্তা তার ভেতরেই অক্ষয়।

এমন চলতে চলতে একদিন, হঠাৎ ঝোড়ো হাওয়ার টানে,
আঘাত লাগে ওই মলিন অঙ্গে অজানা সন্ধানে।
ঘর্ষণে আর দহনে, ধুলোর দেওয়াল যায় সরে,
হঠাৎ এক পলক আলোর ঝিলিক, আয়নার বুকে ঝরে।

ঝরে পড়া সেই আলোর বন্যায় আরশি পায় নিজ দেখা,
ধুলো ছিল আগন্তুক মাত্র, কিন্তু ছিল না কভু সে একা।
আস্তরনের চাদর ঘুচতেই, ফোটে এক নির্মল জ্যোতি,
নিজেকে চিনল এই সাধনায়, ভাঙল মায়ার অসঙ্গতি।

নিখুঁত মায়া

সবাই ভাবে আমি ভীষণ, পরিপাটি এক মানুষ,
উড়তে দিই না মনের ভেতর, বেহিসেবি ফানুস।
কথার পিঠে কথা সাজাই, নিখুঁত ছকে মেপে,
ভুলগুলো সব লুকিয়ে রাখি, হাসির চাদর চেপে।

সেই মিথ্যে হাসির আড়ালেতে, ভয় তাড়া করে রোজ,
কোথায়ও একটু অমসৃণতা, আর সমাজে আমি নিখোঁজ!
পর্দার ওপার থেকে আসা, ট্রোলের তীক্ষ্ণ বাণ,
নিখুঁত সাজার এই চাপেই যে, পিষ্ট আমার প্রাণ।

প্রাণহীন এই ক্লান্তি নিয়ে, বড্ড আমি একা,
আয়নাতে আজ মেলেনা কেন, সেই চেনা রূপরেখা?
অদৃশ্য সব বিচারকদের, মন জোগাতে মরি,
ভুলের ভ্রমের অন্ধ চাপে, নিজের গলা ধরি।

গলা টেপার এই যাতনায়, আমার কাঁচা আবেগগুলো,
নিখুঁত ছাঁচের ঘেরাটোপে, মাখে কেবল ধুলো।
প্লাস্টিকের ওই ফুলের মতো, নিখুঁত অবিকল,
সুবাসবিহীন সেই জীবনে, জমছে কোলাহল।

কোলাহলের এই মোহকে, দিতে চাই বিদায়,
অবাস্তব ওই হাততালিতে, মন কি শান্তি পায় ?
অদৃশ্য ওই বিচারকেরা, যে যার পথে যাক,
নিয়ন্ত্রণের জেদ ভাসিয়ে, মনটা স্বাধীন থাক।

স্বাধীন মনের এই হাওয়াতে, নেই তো কোনো ভয়,
শুদ্ধ ইচ্ছের সমর্পণে, এই জীবন যাত্রারই জয়।
দাগগুলো সব থাক না এমন, অমসৃণ আর খাঁটি,
নিখুঁত মায়া স্রোতে ভাসিয়ে, আমি ছুঁই অনুভবের মাটি।

ছায়ার কারবার

আলোর মেলায় ভিড় জমে খুব, ছায়ারা হাঁটে পাশে পাশে,
চেনা মুখগুলো ভিড়ের মাঝে, মায়ার ঘোরে হাসে।
সূর্য যখন মধ্যগগনে, ছায়া তখন পায়ের তলে—
সুজন তখন কোল ঘেঁষে রয়, মধুর বাণী বলে।

জুড়ে থাকে ওই আলোসঙ্গী, সুদিন দুয়ারে হাসে,
যেমন ভ্রমর ভিড় বাড়ায়, মধুর মোহের সুবাসে।
বিকাশ হলে বিভার ডালি, সবাই সাজে প্রাণের সখা—
তিল ধারণের জায়গা মেলে না, যায় না থাকা একা।

একা হওয়ার ক্ষণটি আসে, যখন বেলা পশ্চিমে ধায়,
দীর্ঘছায়া মিলায় তখন, দীর্ঘশ্বাসের মায়া ছায়।
সুদিন শেষে আঁধার নামে, সূর্য ডোবে মাটির কোলে—
সুজন ছায়া হয় অদৃশ্য, কেমনে আর সঙ্গে চলে?

আলোর মুখে যারা রোজ, চীরসঙ্গের দিব্যি দিত,
তিমির–রাতের ঘোর নামলে কেউ কি আর খোঁজ নিত?
আঁধার যখন ঢেকে ফেলে পথ, ছায়াও যায় সরে,
সাফল্যের বন্ধুও মিথ্যে মায়ায় অচেনা সাজে চিরতরে।

চিরতরে ভাঙে সে ভ্রম, খসে মায়ার আবরণ,
স্বপ্নে গড়া ঘরটি তখন শূন্য নির্জন।
সেই নির্জনে ধরা পড়ে আজ, ছায়ার দ্বিমুখী রূপ,
অন্ধকারই পরম সত্য, নীরবতায় যে থাকে চুপ।
আলোর ফাঁকি আর মায়ার নেশায়, মিছেই চলে ছায়ার কারবার—
আসল সঙ্গী মনে ধরে, আঁধার রাতের দুর্গম হলে পার।

খাঁটিত্বের আয়না

অন্ধ হয়ে মানলে কথা যায় কি বলা খাঁটি?
নকল হাসির আড়ালে কি সরে না পায়ের মাটি?
বিশ্বাসের ওই দোহাই দিয়ে যারা করে আলিঙ্গন,
সত্যের আয়নায় কেন বাঁকা তাদের দুনয়ন ?

মুখ লুকিয়ে বাঁচলে কভু কি যায় গো চেনা মন?
খাঁটি সত্তা বেচতে কি চায় সাচ্চা কোনো জন?
ভয়ে ভয়ে হ্যাঁ-তে যারা মেলায় শুধু সায়,
সত্যিকারের বিশ্বস্ততা কেন তারা খোয়ায়?

পায় কি কভু সম্মান যে হারায় নিজের মত?
অন্য কারো ছাঁচে কি সে, পায় খুঁজে পথ?
খাঁটি মানুষ স্পষ্টবাদী, ভাঙতে জানে ভুল,
মিথ্যে স্তুতির মোহজালে চায় না কোনো কূল।

কূল বাঁচাতে মুখোশ পরা বড্ড সহজ কাজ,
খাঁটি হয়ে বাঁচতে গেলে ছাড়তে হবে মিথ্যে সাজ।
অন্ধ কোনো আনুগত্যে যায় বিকিয়ে প্রাণ,
খাঁটি সত্তাই কেবল বাঁচায় আত্ম সম্মান।

মান বাঁচাতে মিথ্যে বলা, সস্তা অনুরাগ,
সত্যি কথার আয়নাতে তাই লাগে বড়ো দাগ।
খাঁটি মানুষ, সত্যের মাঝি, বিশ্বাসে রাখে জোর,
মিথ্যে ওই হ্যাঁ-তে কেবল দাসত্বেরই ঘোর।

ঘোর পেরিয়ে সত্যিটাকে চিনতে ক'জন চায়?
নকল হাসির আনুগত্য সস্তা দরে পায়।
নিজের কাছে খাঁটি থাকার, সাহস রাখে যেই,
বিশ্বস্ততার মিথ্যে জাল, ছিঁড়তে পারে সেই।

রূপের ভ্রম

রূপের মাপে, রঙের ছাঁচে, চলছে কেবল খোঁজ,
মিথ্যে একটা, মাপকাঠিতে, বিচার চলে রোজ।
লাবণ্য আজ, যে মুখে হাসে, কাল সে হয়, মলিন,
বাইরে খোঁজার, মিথ্যে নেশায়, কাটছে সবার, দিন।

দিন কেটে যায়, ফর্সা কালোর, মিথ্যে অহংকারে,
রঙের দোষে, খাঁটি মানুষ, রোজ কি তবে, হারে?
ফর্সা হলেই, রূপের কদর, কালো মানেই, ম্লান?
বর্ণ দিয়ে, যায় কি চেনা, খাঁটি একটা, প্রাণ?

প্রাণের মাঝে, যে সারল্য, ছড়ায় মধুর, রেশ,
তার চেয়ে কি, সুন্দর ওই, মিথ্যে সাজের, বেশ?
নকল হাসির, আড়ালেতে, খুঁজলে খাঁটি, রূপ,
আসল সৃষ্টি, দেয় কি ধরা, নাকি থাকে, চুপ?

চুপটি করে, আপন ছন্দে, ফুটলে গাছে, ফুল,
খোঁপার সাজে, বাঁধতে চাওয়া, নয় কি সেটা, ভুল?
মুক্ত প্রাণে, নিরীহ জীব, ছুটলে লাগে, ভালো,
খাবার পাতে, সাজালে কি, বাঁচে রূপের, আলো?

আলো জ্বেলে, সমর্পণে , যে সত্তা, বাঁচে,
নিয়ন্ত্রনের বাঁধন ছেড়ে, আপন ছন্দে, নাচে।
সৃষ্টি জগৎ, তখনই তো, সুন্দর হয়ে, হাসে,
খাঁটি রূপের, স্নিগ্ধ আলো, বিশ্ব জুড়েই, ভাসে।

ভাসলে মানুষ, আপন ছন্দে, খাঁটি স্রোতের, টানে,
মিথ্যে সাজের, মাপকাঠি সব, হারায় নিজের, মানে।
চোখ দিয়ে নয়, হৃদয় দিয়ে, ভাঙলে রূপের ভ্রম,
খাঁটি সত্তায়, লুকিয়ে যে রয়, সৌন্দর্য অনুপম।

আলোর মোহ

নির্বাক এক জোনাকি রোজ, চাঁদের আলো মেখে,
ভাবে বুঝি বাঁচার দিশা, আসছে আকাশ থেকে।
পরের আভায় ভরসা রেখে, ওড়ে রাতের বুকে,
ধার করা ওই মিথ্যে মায়ায়, ভাসছে কেবল সুখে।

সুখের ওই মায়ায় কেন, এতোই নির্ভরতা?
চাঁদ লুকালে কোথায় যাবে, তার ওই নিজস্বতা?
অন্য কারো কিরণ ছোঁয়ায়, খোঁজে কেন সে দিশা?
পরের আলো নিভলে তবে, ঘনায় কালো নিশা।

কালো নিশার অন্ধকারে, হারায় যখন চাঁদ,
জোনাকিটা বুঝতে পারে, মিথ্যে মোহের ফাঁদ।
মেঘের বুকে ঢাকে যখন, ভরসার ওই আলো,
কীভাবে সে উড়বে একা? চারপাশটাই কালো!

কালো এই প্রহর জুড়ে, কেন এতোই ভয়?
খুঁটি ছাড়া একলা বাঁচার, সাহস কি তার রয়?
হঠাৎ করে নিজের বুকেই, দেখে অবাক হয়ে,
নিজস্ব এক স্নিগ্ধ আভা, উঠছে যে আজ বয়ে!

বয়ে চলা এই আভাটাই, তার আসল ধ্রুবতারা,
চাঁদের আশায় মিথ্যে কেন, হয় সে দিশাহারা?
ভেতর ঘরের নাবিক যখন, জাগে আপন জোরে,
নির্ভরতার মিথ্যে খুঁটি, সদাই ভেঙে পড়ে।

অগভীরের ঘোর

গভীর জলের তল না পেয়ে যারা ভাবে কঠিন খুব,
ভয় পেয়ে তাই কিনারাতেই মারে সবাই ডুব।
সাগর কি তায় ক্ষমা মাগে, কমায় নিজের ঢেউ?
অগভীরের বিচার শুনে থমকে থাকে কেউ।

কেউ কি কভু ডোবার মাপে সাগর ছাঁচে ফেলে?
বদ্ধ জলে সন্তর্পণে সদা জীবন তারা মেলে।
সাঁতার যে জন জানে না, সে জলের দোষই গায়,
সহজ কিছু সস্তা মাপে জগত দেখাতে চায়।

চায় না তারা ভাঙতে কভু নিজের চেনা দাগ,
গভীর কোনো স্বচ্ছতাতে বাড়ে তাদের রাগ।
সীমিত ওই বিশ্বাসেতে, মনে জন্ম দেওয়া ঘোর,
সত্যি দেখার দৃষ্টি কেড়ে, রাখে বেঁধে দোর।

দোর পেরিয়ে যায় কি দেখা, অসীম সীমানায়?
বদ্ধ ডোবার ব্যাঙ কি কভু, সিন্ধু চিনে পায়?
নিজের মাপে জগতটাকে মাপতে চাওয়া মন,
ডুবে যাবার মিথ্যে ভয়ে কাটায় সারাক্ষণ।

ক্ষণ ফুরোলে সত্তা কোনো হিসেব যখন কষে,
গভীর সত্তা, কি আর কভু, অগভীরেতে মেশে?
স্পষ্ট জলের স্বচ্ছতাতে কিসের এতো ভয়?
ছোট্ট ডোবার মাপে কি আর সিন্ধু কভু হয়?

হয় কি কভু বদল কোনো, সাগরের ওই রূপ?
অগভীরের বিচার দেখে, সাগর থাকে চুপ।
সীমিত ওই গণ্ডি নিয়ে থাকুক যারা চায়,
গভীরতার আসল কদর সাগর তলই পায়।

তুই কে ?

তোর ওই দিশাতে চাইলে আমার, কাটে জীবনের যতো ক্লান্তি,
শুধুই কি তুই ছায়ার সঙ্গী? নাকি মহাকাল, পরম শান্তি!
যে ইশারায় পাহাড় গলে, জন্ম নেয় ওই মুক্ত নদী,
তোর দু'চোখেই বইছে আমার, বাঁচার টান সেই নিরবধি।

তোর সাথে শ্বাস নিলেই আমার, কাটে দুনিয়ার মিথ্যে চাওয়া,
তোর কাছেতেই পূর্ণ হয়, হিসেব কষে সবই পাওয়া।
পাওয়ার যতো অন্ধ লোভ আর, দেহের যতো উগ্র কাম,
তোর ওই গভীর চোখের অতলে, চিরতরে আজ হারিয়েছে নাম।

বুকের ভেতর জমিয়ে রাখা, পুড়িয়ে মারা অন্ধ ক্রোধ,
তোর আদরেই নিভে গিয়ে, জাগায় পরম শান্তির বোধ।
মিথ্যে মোহের দেয়াল ভেঙে, দেখি তুই–ই আমার পরম সত্য,
অহংকার সব ভাসিয়ে দিয়ে, তোর মাঝেই আজ আমি মত্ত।

সমাজের কোনো মিথ্যে প্রথায়, তোকে কভু বাঁধিনি তো,
স্বার্থের টানে পরম ভেবে, ভক্তির ভানে সাধিনি তো!
নিঃশর্ত এক সমর্পনে, নদী যেমন বয় সাগরের তরে,
অস্তিত্ব সব উজাড় করে, তেমনি ফিরি তোর শান্তির ঘরে।

যে নিয়মে রোজ নিশ্বাস বয়, শিরায় শিরায় বাঁচার টান,
তোর ছোঁয়াতেই খুঁজে পাই, আমি অসীম সৃষ্টির মধুর গান।
জানিনা কে তুই, প্রাণের সত্তা নাকি আমার মানবতা?
তোতেই আমি নিঃস্ব সদা, পাই খুঁজে বাঁচার সার্থকতা।

মিথ্যে অবতার

মুগ্ধ হয়ে ভাবনার টানে, ছড়াই আপন প্রীতি,
সেই মানুষটাই হয়ে ওঠে, আমার চলার নীতি।
আদর্শের এই মোহে পড়ে, ভুল করি যে রোজ,
ব্যক্তিকেই নিখুঁত ভেবে, হারাই নিজের খোঁজ।

খোঁজের নেশায় অন্ধ হয়ে, বানাচ্ছি অবতার,
তার চরণে সঁপে দিই আজ, ভক্তির সম্ভার।
ভুলের পথে হাঁটলে সেও, আমরা দিই যে কাঁধ,
অন্ধ এই ভক্তির জেদে, গড়ছি মিথ্যে বাঁধ।

বাঁধের মাঝে আটকে পড়ে, হচ্ছি অংশীদার,
তার করা ওই ভুলের বোঝা, বইছি বারবার।
মানুষ মাত্রই ভুল তো করে, ভুলেছি সেই জ্ঞান,
তার দোষেতেই সমান ভাগী, খুইয়ে নিজের ধ্যান।

ধ্যানে যখন শান্তি ফেরে, ভাঙে মিথ্যে ভ্রম,
আদর্শ আর মানুষ কি এক? তফাৎটা চরম!
আদর্শ কে সম্মান দিই তাই, ব্যক্তি যে ভঙ্গুর,
ভুল–ত্রুটিতেই গড়া মানুষ, কভু বাজায় মিথ্যে সুর।

সুরের মায়া কাটিয়ে কবে, জাগবে নতুন বোধ?
ব্যক্তিপূজার মিথ্যে নেশা, কেন করি না রোধ?
মাধ্যম তো মানুষ কেবল, ভাবনা চিরন্তন,
আদর্শকেই কেন পুজি না, মুক্ত করে মন?

ব্যস্ততার ঘড়ি

ভবিষ্যতের রঙিন আশায়, আজকের এই দিনটা কাটে,
'কালকে বাঁচবো' এই আশাতে, জমাই খুশি স্মৃতির মাঠে।
ভাবি যখন সময় হবে, তখন নাহয় হাসবো খুলে—
এই আশাতেই বর্তমানের, আসল সুবাস যাচ্ছি ভুলে।

ভুলে যাওয়ার এই ধুলোতে, ঢাকছে আমার চেনা উঠোন,
ব্যস্ত ঘড়ির টিকটিকেতে, ফুরিয়ে যায় নিজ আয়ুক্ষণ।
সবচেয়ে ভালো পোশাকগুলো, আলমারিতেই রইলো তোলা,
'সময় হলে পরবো' ভেবে, হলো না আর বাক্স খোলা।

তালাবদ্ধ এই জীবনে, জমছে কেবল মিথ্যে মায়া,
আগামীকে ধরতে গিয়ে, হারাচ্ছি আজ নিজের ছায়া।
ভোরের আলো, স্নিগ্ধ হাওয়া— সব রেখেছি কালের তরে,
এই আশাতেই ভাঙ্গে রোজ, বর্তমানের স্বপ্ন অন্তরে।

স্বপ্ন ছেঁড়া চোখের মায়ায়, খুঁজছি কেবল মরীচিকা,
আজকে বাঁচতে ভুলে গিয়ে, ভবের পথে চলছি একা।
যেই আগামীর তরে, করি আমি, এত শত আয়োজন,
সেই কাল তো আসে না ফিরে, বাড়ে নিছক প্রয়োজন।

অফুরন্ত এই দৌড়ের কি, হয় না কোনো সীমানা?
ব্যস্ত ঘড়ির কাঁটা থামার, হয়তো, নেই কোনো মানা।
যদি আগামীর হিসেব–নিকেশ, থাকত তোলা আলমারিতে,
বাঁচতাম হয়তো নিজের মতো, এই ব্যস্ত ঘড়ির বিপরীতে।

ভালত্বের তকমা

ইচ্ছেমতো মিললে তুমি, পরায় মাথায় তাজ,
পূজার ছলে মূর্তি গড়ে, সাজায় মিথ্যে সাজ।
আশাগুলো ভাঙলে পরে, বদলায় সব চাল,
মূর্তিখানা ভেঙেই তারা, বোনে ঘৃণার জাল।

জালের মাঝে মিথ্যে কোনো, অপবাদে বাঁধে,
খুশিমতো মাপে তারা, ফেলে আপন ফাঁদে।
মানুষ কি আর সত্যি এমন, মন্দ কিংবা ভালো?
সবাই তো জন্ম থেকেই, স্বচ্ছ উজ্জ্বল আলো।

আলোর নদী বয় যে সবার, বুকের গহীন তলে,
সবার মাঝেই জন্ম থেকেই, প্রেমের আগুন জ্বলে।
ভালো–মন্দ কিচ্ছু তো নয়, বাসনাদের ছাঁচ,
উদ্দেশ্যেরা পরিস্থিতিকে, করায় পুতুল নাচ।

নাচের তালে ইচ্ছেগুলোই, বদলায় সব রূপ,
স্বার্থ দিয়ে হিসেব কষে, গড়ে বালির স্তূপ।
স্তূপের ওপর বসেই সমাজ, লাগায় অন্ধ ছাপ,
মোহর মেরে বুঝিয়ে দেয়, কে করেছে পাপ।

পাপের ওই বিচার–মোহর, নিছক একটা মায়া,
জন্ম থেকেই মানুষ হলো, খাঁটি অরূপ কায়া।
নিন্দে–স্তুতি সবই কেবল, পরিস্থিতির দান,
মন্দ ভালোর তকমা ছেড়ে, গাও হৃদয়ের গান।

সভ্য পশু

মহাকাশে তারার মাঝে, ঘোরে অচিন এক গোলক,
লক্ষ জীবের বসত সেথায়, প্রাণের কতো ঝলক।
নিজেদের ওই স্বার্থে মেতে, বানায় কতো ডেরা,
দম্ভ ভরেই দাবি করে, তারাই সৃষ্টির সেরা।

সৃষ্টির সেরা 'মানুষ' তারা, অহংকারে ভাসে,
অন্য প্রাণীর মৃত্যু দেখে, উল্লাসেতে হাসে।
উন্নয়নের দোহাই দিয়ে, গড়ছে নতুন দেশ,
সভ্যতারই আড়ালে আজ, করছে জগৎ শেষ।

শেষ করে সব সবুজ কানন, গড়ছে ইঁটের খাঁচা,
অন্য প্রাণের এই ভুবনে, দায় হয়েছে বাঁচা।
নদীর বুকে ঢালছে গরল, হাওয়ায় বিষের শ্বাস,
এই শ্রেষ্ঠ প্রাণের গন্তব্য কি অজ্ঞাত সর্বনাশ?

এই সর্বনাশের মত্ত খেলায়, তারাই একা সেরা,
লোভের বশেই কাটে জীবন, মিথ্যে মায়ায় ঘেরা।
খাবার এবং শখের তালে, কাড়ছে কতো প্রাণ,
বিবেক তাদের বিক্রিত আজ, বধির তাদের কান।

কানের কাছে মরণ কান্না, পৌঁছায় না তো হায়,
রক্ত দিয়েই মিটছে আজ, সব শ্রেষ্ঠত্বের দায়।
দয়া–মায়ার পাঠ চুকিয়ে, সাজায় বিশ্ব পরিপাটি,
বিষের ভারে কাঁদছে কেবল, এই গোলকের মাটি।

মাটির বুকে আঘাত হেনে, গড়ছে সুখের ঘর,
নিজেদের ওই স্বার্থে মেতে, করছে সবারে পর।
উন্নতির এই মিথ্যে নেশায়, হারিয়ে সব রেশ,
মানুষ জাতের অহংকারে, গর্ব করে বেশ।

বেশ তো আছে দম্ভ নিয়ে, মিথ্যে সিংহাসনে,
শ্রেষ্ঠ হওয়ার আসল মানে, হয়ত নেই আর মনে।
দুনিয়াটা নাকি গড়ছে তারা, করছে বিজ্ঞান জয়,
মানুষ না তারা 'সভ্য পশু' ? স্রষ্টা করেন বিস্ময়।

———

দ্বৈত মমতা

হরিণের চোখে জল দেখলে পরে বুকটা তোমার ফাটে,
জলের মাছটা যখন ডাঙ্গায় থরে— কেটে বিক্রি কর হাটে।
একই তো প্রাণ, একই তো যাতনা, একই তো রক্তের রং—
তবে কেন একটিতে স্নেহ, আর অন্যটিতে করো ঢং?

সেই ঢঙের মাঝে ঢাকো যখন নিজের রসনার টান,
তখন হয়তো পাও না খুঁজে নিজের পাতে প্রাণ।
ভণ্ডামীর ছাঁচে পাঁঠা বলি হলে, মমতা কোথায় থাকে?
পোষা কুকুরের চোটে কেন, যাতনা ছবি আঁকে?

টিয়া পাখিটির পালক খসলে তোমার কলিজা কাঁপে,
মাছ মারো যখন দু-হাত জুড়ে, প্রাণ কেন নাহি হাঁপে?
সুবিধামতো এক কে দাও কোল, অন্যকে দাও ফাঁস—
তোমার স্নেহের আয়নাতে কেন ফোটে খিদের পরিহাস?

মেটাতে খিদে বাঘ যখন হরিণের ঘাড় ধরে,
নিষ্ঠুরতার তকমা কেন কেবল সেই পশুটিই পরে?
নিজের পাতে মাংস সাজিয়ে যখন পুষ্টির গান গাও—
বাস্তবে কেন মানুষখুনে এত দরদ দেখাও?

এই দ্বিচারিতায় কি লাভ বলো, নিজ মনের আদালত ঘরে—
একই প্রাণের বিচার কর নিজের সুবিধার তরে।
মানুষ তো শুধু নিজেরই গড়া বিবেকের ছায়ায় ঘোরে,
প্রয়োজন শেষে মমতার নদী স্বার্থ বাঁধেই মরে।

অদৃশ্য বাজার

জন্মের ছকে ঠিক হয়ে যায়, স্রষ্টা–ডাকার নাম,
ভৌগোলিক ওই মানচিত্রেতে, ভিন্ন সবার ধাম।
ভিন দেশেতে জন্ম নিলে, বদলায় কি পথ?
মাটির রেখায় আটকে কেন, বিশ্বাসের ওই রথ?

বিশ্বাসের ওই রথে চড়েই, চলছে ব্যবসা রোজ,
পুণ্য কেনার হাটের মাঝে, কে রাখে সত্যের খোঁজ?
অদৃশ্য সেই পণ্যের লোভে, দিচ্ছি চড়া দাম,
মিথ্যে ভয়ের বাজারটাতে, কেবল বেচে স্রষ্টার নাম।

স্রষ্টার ওই নাম ভাঙিয়ে, ভরাই আশার দিশা,
মিথ্যে মায়ার চাদর মুড়ে, কাটছে কতো নিশা!
রীতি রিয়াজে ফল না পেলে, বণিক ছাড়ে রোষ—
"ভক্তি নাকি বড্ড কাঁচা", ক্রেতারই তো সব দোষ।

উল্টে দেওয়া দোষের বিষে, অন্ধ করি চোখ,
স্রষ্টার ওই দোহাই দিয়ে, মরে কতো লোক!
রক্তমাখা ওই মাটিতে, কেমনতরো এই পুণ্য?
বিশ্বাস কেনার এই খেলাতে, মানবতা কেন শূন্য?

শূন্য ওই বাজারে কেন বিকাই আমি প্রাণ?
কড়ির মাপে স্রষ্টা কি ভাই, করেন অনুদান?
যিনি জগৎ গড়েন একা, অসীম মহাকাশ,
তিনি কি ওই বাণিজ্যেরই, হবেন কোনো দাস?

দাসত্বের এই অন্ধ মায়া, কেন লোভায় মোরে?,
শুদ্ধ মনের প্রাণ অঙ্গনে, স্রষ্টা আছেন জুড়ে,
পুজো পাঠের মিথ্যে হাটে, কেনো যাব ফিরে?
চেতনা আজ সমর্পণে, স্রষ্টা মোর শূন্য শিরে।

অদৃশ্য প্রলোভন

বিজ্ঞাপনে রঙিন ছবির, চমক কতো চড়া,
মিথ্যে সুখের স্বপ্ন দিয়ে, বাজার আজ গড়া।
কাজ চলে যায় পুরনো পণ্যেই, তবুও নতুনটি কেনে,
কিস্তিতে আজ সর্বস্বান্ত, হচ্ছে কি না জেনে?

জেনে শুনেই ধার দেনাতে, মেটায় যতো শখ,
দামি পণ্যের আড়ালে কি বোঝে, পুঁজিপতির ছক?
প্রয়োজনের বাইরে বাড়ে, চাহিদাদের ভিড়,
কেনার এই যে অন্ধ নেশায়, মন কি থাকে স্থির?

স্থির কি মানুষ থাকতে পারে, বিনা শ্রমের দানে?
ভাতার নোটে পঙ্গু করার, ফাঁদ কি তারা মানে?
লাইনে বসে সকাল কাটে, ভাতার টাকা গোনে,
শ্রমের প্রতি ভালোবাসা, জাগছে কি আর মনে?

মনে কি আর জাগে কভু, ঘাম ঝরানোর সাধ?
শাসক যখন খয়রাতিতে, কিনছে মতের বাঁধ।
মাঠের জমি শুকোয় দেখো, ফলন কোথায় আজ?
ভাতার লোভে ভুলেছে কি, তারা মাথা তোলা কাজ?

কাজ ভুলিয়ে ভাতার লালচ, করে কর্ম হীন,
বিজ্ঞাপন তো পকেট কাটে, বাড়িয়ে শুধু ঋণ।
কেনার মোহে পকেট ফাঁকা, ভাতার লোভে হাত,
দুটোই কাড়ে, সম্মান আর শান্তির দিবা রাত।

ফুরোলে সময় মুছবে কি আর, প্রলোভনের রেশ?
ভাঙবে কবে বিজ্ঞাপন আর, ভাতার মিথ্যে বেশ?
এক দিকে ওই কেনার মোহ, অন্যথা অর্থ টান,
দুটো ফাঁদেই, হারাচ্ছে আজ, মানুষের আত্মসম্মান।

এ কেমন পূজা?

পুজো মানে সঁপে দেওয়া, নয়তো দেখান্দারি,
বাইরে এতো দ্রব্য দিয়ে, সাজাই কেন সারি?
মনের চেয়ে দামি কি আজ, রঙিন কাপড়ের সাজ?
ঈশ্বর হয়ত চান দেখতে, বাহ্যিক এই কারুকাজ।

কাজের মাঝে খুঁজি না তারে, করি কি সমর্পন?
হয়ত উপঢৌকন আর অর্থের ফুল, তুষ্ট করে তাঁর মন।
যে ব্যক্তি হয় প্রসিদ্ধ বেশি, সে নাকি আপনজন,
অপেক্ষাতেই প্রহর গোনে, গরিব লাইনে সারাক্ষণ।

সময়ের এই লাইনে আজ, ভেদাভেদের ঘণ্টা কেন বাজে?
হয়ত প্রভু থাকেন না এখন, শুদ্ধ প্রাণের মাঝে।
অর্থ দিয়ে হয়ত করেন, জগৎ মুল্যায়ন,
মিথ্যে নিয়মের বোঝার তলে, অশ্রু ভরে দু'নয়ন।

দু'নয়ন মেলে ভাবী কি কখনও, জগৎ স্রষ্টা এই ভগবান–
সবার তরে সমান বাতাস, কেন করেন দান?
একে অন্যের পরিপূরক, কি ছিল না গড়া সোজা?
কেন আজ চুপচাপ বোই, এই ভেদাভেদের বোঝা?

বোঝা টেনেই চলছে পুজো, কিসের অহংকারে?
বিশুদ্ধতা কাঁদছে মনে, বৈষম্যেরই দ্বারে।
সমর্পণের অর্থ কি আজ, নিছক নিয়ম খোঁজা?
নিয়ন্ত্রণের শিকল গলায়, ভাবী, কেমন এই পূজা?

পুণ্যতার ঘাট

জমে থাকা পাপের বোঝা, নামাতে চায় রোজ,
পুণ্যঘাটের জলের মাঝে, করছে মানুষ খোঁজ।
জলের স্রোতে ডুব দিলেই কি, মুছবে মনের দাগ?
শরীর ধুয়ে কাটবে কি ভাই, অন্ধ মোহ–রাগ?

রাগের বশেই সারা জীবন, করছে কতো ভুল,
পুণ্য ঘাটে এসে তাই, অর্পে শত ফুল।
ভাবে, দীক্ষা মন্ত্র পড়ে, আর অন্ধ ভক্তি ভরে,
স্রষ্টা হয়ত পাপগুলো সব, নেবে আপন করে।

আপন করে কেমনে নেবেন, যিনি নিরাকার?
ভেতর যদি কালোই থাকে, নামে হাহাকার।
জলের থেকে উঠছে যখন, ভেজা বসন গায়,
অন্ধ মোহের কালো ছায়া, পিছু পিছু ধায়।

পিছু ধাওয়া লোভ–লালসা, মিথ্যে হিসেব যত,
জলের তোড়ে ধোয় কি কভু, ভেতর ঘরের ক্ষত?
বাইরে সবাই সাজছে সাধু, মেখে নদীর জল,
ভেতর ঘরে জমছে কেবল, শূন্য কোলাহল।

কোলাহলের মোহ ছেড়ে, আপন নদীর বাঁকে,
শুদ্ধ মনের গোপন ঘাটে, স্রষ্টা তাকে ডাকে।
বাইরের এই পুণ্য ঘাটে, সবই মিথ্যে মায়া,
অশ্রু জলেই মুছতে পারে, মনের কালো ছায়া।

ধার করা অপরাধ

নিজের মতো বাঁচতে গিয়ে, করিনি তো পাপ,
সমাজ কেন চাপায় ঘাড়ে, মিথ্যে অনুতাপ?
অন্য কারো স্বপ্ন আমি, করিনি তো নাশ,
তবে কেন জীবন জুড়ে, অপরাধের শ্বাস?

শ্বাসের সাথে মেশায় এরা, নিছক কতো ভয়,
নিজের মতো চললে ওরা, কেন ভাবে পরাজয়?
শান্ত হয়ে বসলে পথে, লাগায় মিথ্যে দাগ,
একটুখানি থামলে এরা, কেন দেখায় রাগ?

রাগের বশে তারা কেবল, খোঁজে প্রতিদান,
যন্ত্র হয়ে বাঁচলে তবেই, রাখবে তোমার মান।
একটুখানি ক্লান্তি এলে, কিংবা হলে ধীর,
ব্যর্থ বলে বিঁধবে বুকে, অপরাধের তীর।

তীরের মতো বিঁধছে বুকে, ধার করা এই গ্লানি,
নিজের কোনো ভুল না জেনেই, মিথ্যে বোঝা টানি।
অন্য কারও স্বপ্নগুলোর, মেটাতে সব ধার,
বিনা দোষেই বইছি আমি, এই অপরাধের ভার।

যখন ভাবি ওই ভারের বোঝা বইবো না তো আর,
তারা যেন নিজের মাপে, বাঁধে বারংবার ।
ধার করা এই অপরাধের, যেদিন গণ্ডি করবো পার,
জীবন পথটি আমারই তো, সেদিন ছিনবো অধিকার।

প্রশ্নের দেওয়াল

অসীম যিনি প্রাণের উৎস, দেন না কোনো শর্ত,
ভুলের ভেতর পুড়েই মানুষ, গড়ে বাঁচার অর্থ।
উড়তে গিয়ে পড়লে নিচে, দেন না কোনো দোষ,
সব কিছুকেই নেন মেনে, নেই তাঁর কোনো রোষ।

রোষের আগুন সমাজ কেনো, ঢালে দিনে রাতে?
নিয়ন্ত্রণের শেকল দিয়ে, কেনো বাঁধে এক সাথে?
কথায় কথায় প্রশ্ন করে, তুলছে মিথ্যে দেওয়াল,
খাঁচায় ফেলে শাসন হয়ত, এদের চরম খেয়াল।

খেয়াল খুশির মুক্ত আকাশ, সমাজের কি আর সয়?
স্বাধীনভাবে বাঁচলে পরে, কেনো করে তারা ভয়?
নিজেরা যারা খাঁচায় থেকে, মানলো চির হার,
অন্য ডানার উড়ান দেখলে, জাগায় অহংকার।

অহংকারের মিথ্যে ছাঁচে, সমাজ করে রাজ,
সমালোচনা আর প্রশ্ন ছুঁড়ে, পরে মাথায় তাজ।
সৃষ্টিকর্তা দেন যদি, অনন্ত উড়ার ছাড়,
সমাজ কেন চাপায় ঘাড়ে, মিথ্যে দোষের ভার?

ভার চাপিয়ে সমাজ ভাবে, রাখছে সবই ঠিক,
নিয়ন্ত্রণের ছদ্মবেশে, তছনছ করে চতুর্দিক।
অসীম যিনি সব কিছুতেই, দেনতো খোলা পথ,
সমাজ কেন 'প্রশ্নের দেওয়াল', তুলে থামায় রথ?

রথ থামিয়ে সমাজ কেন, কাটতে চায় ডানা?
মুক্ত হাওয়ায় উড়তে গেলে, করছে কেন মানা?
ভুলের মাঝেই চরম বৃদ্ধির, থাকে যে অচিন দিশা,
সমাজ কেন দেওয়াল তুলে, নামায় কালো নিশা?

বধিরতার ভান

বুঝতে যে জন চায় না কভু, ইচ্ছে করে ভুল,
তার কাছে কি ফোটানো যায় যুক্তির কোনো ফুল?
জেনে বুঝেই অন্ধ সাজে, বন্ধ রাখে কান,
তার কাছে তো বৃথাই গাওয়া সমাধানের গান।

গানের সুরে বধির জনে ডাকলে কি সে শোনে?
মিথ্যে আশায় স্বপ্ন সে যে পাথর বুকে বোনে।
উল্টো করে রাখা পাত্রে ভরলে যতোই জল,
এক ফোঁটাও জমবে কি তায়, মিলবে কোনো ফল?

ফলের আশায় বৃথাই কেনো ক্ষয়ে ধৈর্যের দায়?
যে জন কেবল নিজের জেদেই থাকতে শুধু চায়।
সত্যিটাকে আড়াল করে রাখে নিজের দিক,
তাকে কি বোঝানো যায় বেঠিক কিংবা ঠিক?

ঠিক এ কারণেই, নীরবতাই শ্রেষ্ঠ জবাব তার,
বোঝার ইচ্ছে নেই যেথা , সেথা শব্দ যে হয় ভার।
ঘুমের ভানে চোখ বুজলে কি ভাঙবে কখনও ঘোর?
তার থেকে চুপটি থেকে রাখি নিজের জোর।

জোর করে কি ভাঙ্গে কোনো ইচ্ছে–তালা দ্বার?
বুঝতে যে জন চায় না নিজেই, মানবে কি সে হার?
নিজেকে তাই সরিয়ে নিয়ে বজায় রাখি রেশ,
অবুঝ জনের সাথে এবার বাক্য করি শেষ।।

শূন্যতার গহীনে

তপ্ত মরুভূমির বুকে হাঁটে তৃষ্ণার্ত মন,
চোখের ভ্রমে খোঁজে স্বপ্ন—মরীচিকার কল্পন।
ঝলসে ওঠা জলে মুগ্ধ হয়ে ছুটে যায় প্রাণ,
কাছে গিয়েই মেলে কেবল শূন্যতার আহ্বান।

আহ্বানের তলে গিয়ে খোঁজে বাহ্যিক ভরসা,
দৃষ্টি ঢাকে ভ্রমের ছায়ায়, তবুও সে বাঁধে আশা।
যতই ছোটে ব্যাকুল হয়ে ওই মরীচিকার পানে,
ততই কেবল ভাঙে স্বপ্ন, রিক্ততায় খোঁজে মানে।

খুঁজতে খুঁজতে শুষ্ক বুকে জাগে হঠাৎ শীতলতা,
তখন ভাসে মনে এক অচেনা নীরবতা,
যেমন শুষ্ক বনে জাগে ঝরনার মধুর গান,
নিঃশব্দ ধারা শব্দে ছড়ায় সমর্পণের মান।

যে সমর্পণে শান্ত হয় মনের কঠিন তৃষা,
রিক্ত পথের বাঁকে পায় খুঁজে নতুন এক দিশা।
বাইরের সব কোলাহল সেই পথে নিশ্চুপ,
নীরবতার দর্পণে যেন ভাসে আত্ম স্বরূপ।

স্বরূপের স্নিগ্ধ আলোয় কাটে মায়ার ঘোর,
শূন্যতার গহীনে সদা জাগে নতুন ভোর।
বাহিরে যাকে খুঁজে ফিরে মন, মিথ্যে ব্যাকুলতায়,
সেই আলো জ্বলে অন্তর ঘরে, সত্য নীরবতায়।

শব্দহীন লড়াই

ঠোঁটের পাতা বন্ধ করে, ভাবি আমি স্থির,
বুকের ভেতর ভাবনা গুলো, ভাঙে সত্যের তীর।
বাইরে থেকে শান্ত সেজে, মেটে কি আর তৃষা?
শব্দবিহীন কোলাহলে, হারাই আমি দিশা।

দিশার খোঁজে লড়তে গিয়ে, বাড়াই নিয়মের চাপ,
নিজের সাথে যুদ্ধ করে, কেবল বাড়ে অনুতাপ।
দর্শক হয়ে চুপটি করে, কেনো দেখি সব ম্লান?
ভাবনাগুলো ফুরোলে কি, তবে জুড়োবে এই প্রাণ?

প্রাণ সাগরে ডুবলে তবে কি, মিলাবে যতো ভুল?
ভাবনাগুলো শান্ত হয়ে কি, হারাবে আপন কুল?
জোর করে কি যায় গো কেনা, নীরবতার ক্ষণ?
খোঁজার জেদটা ছাড়লে তবেই, শূন্য হবে মন।

মনের মাঝে জমছে যতো, অকারণ এই ভিড়,
ওদের সাথে না জড়ালেই, হবো হয়তো স্থির।
শব্দগুলোর লড়াই ছেড়ে, যদি ভাঙি অহংকার,
শান্ত হয়ে ডুবলে তবেই, মিলবে স্বস্তি দ্বার।

দ্বারের সীমায় থাকলে যদি, ফুরোয় যতো রেশ,
নিজের মাঝেই পাবো হয়তো, মুক্ত অচিন দেশ।
সব কিছুকে যেতে দিয়ে, রাখলে খোলা মন,
নীরবতাতেই খুঁজে পাই, আমার শান্ত জীবন।

দশ ফিট পথ

গভীর রাতে জনহীন পথ, কুয়াশা পাহাড় সমান,
থমকে দাঁড়ায় পথিক একা, রুদ্ধ চলার টান।
সামনে অসীম আঁধার গহ্বর, দিগন্ত রেখাহীন,
মনে হয় বুঝি– এই পথেই থেমে যাবে সব দিন।

পুরো রাস্তা চোখে না এলে, সংশয় জমে চিন্তনে,
অদেখা আশঙ্কায় থেমে যায়, সব পরিকল্পনা মনে।
আগামীর ভাবনায়, জড়ায় দ্বিধা, গোপনে অকারণ,
সন্দেহ এসে গ্রাস করে, সব সম্ভাবনার চেতন।

হাতে ধরা টর্চের আলো, জ্বালালো সে সাথেসাথে,
কুয়াশারই ভাঁজের মাঝে, দিশা পায় সেই নিশা রাতে।
পুরো পথ নয়—দশ ফুট শুধু, স্পষ্ট হয় তলে,
সেইটুকুতেই পথিক আবার সাহস করে চলে।

দশ ফুট শেষে, পরের দশ ফুট, আপন আলোয় ফোটে,
চলার টানে ধীরে ধীরে, সন্দেহের মোহ ছোটে।
দিগন্ত যতই ঢেকে রাখুক, সব অজানা গন্তব্যের সম্ভাবন,
একটু এগোনোতেই ভাঙ্গে মনে, নকল ভয়ের আচ্ছাদন।

স্থিরতা কেবল বাড়ায়, ভয়ের নীরব বিস্তার,
পা বাড়ালেই বদলে যায়, অজানার ওই পার।
দশ ফুট পথ হয় যথেষ্ট, যদি বিশ্বাসে থাকে অভিমান,
চলার মধ্যেই মিলবে শেষে, ওই দিগন্তের সন্ধান।

নিশ্চয়তার আসক্তি নয়, বরং "সাহস" আসল ধ্রুবতারা,
অজানার পথে ভয়হীন চলা— এ এক মুক্তিধারা।
দশ ফিট পথ ফুরালেই, আঁধার জানায় আপনি হার,
চলার নেশায় ঘুচে যায় শেষে, মনের সংশয়–কারাগার।

জেতার খিদে

প্রথম হওয়ার অন্ধ নেশায়, ছুটছি কেবল বড্ড বেগে,
পেছনে সব রইলো পড়ে, মিথ্যে জয়ের অনুরাগে।
সবার সেরা হবো বলেই, বুকে আমার গভীর তৃষা,
জেতার খিদের এই আগুনে, হারাচ্ছি আজ পথের দিশা।

দিশাহীন এই দৌড়টা জুড়ে, মুখে নেই আজ মিষ্টি হাসি,
সবার চেয়ে এগিয়ে গিয়ে, একলা বাজাই জয়ের বাঁশি।
যাদের নিয়ে উড়বো বলে, বুনেছিলাম রঙিন ডানা,
তাদের বুকেই পা রেখে আজ, আকাশ ছোঁয়ায় নেই তো মানা।

পাহাড় চূড়ায় উঠলে পরে, নিচের জগৎ ছোটোই লাগে,
কিন্তু চূড়ার ওই শীতে কি, মানবতার উষ্ণতা জাগে?
বরফ-ঢাকা অহংকারে, জয়ের নিশান উড়লো বটে,
আপনবিহীন এই বিজয়ে, একাকিত্বই শুধু জোটে।

সবার সেরা হওয়ার মোহে, আপন ধরা করে ফাঁকা,
তার চেয়ে আজ অনেক ভালো, সবার সাথে ধুলো মাখা।
সোনার মেডেল নাই বা জুটুক, নাই বা পেলাম জয়ের স্বাদ,
আপনজনের হাসির মাঝেই, লুকিয়ে আমি পূর্ণ চাঁদ।

চাহিদার বিভ্রম

যেটুকুতে দিব্যি কাটে সহজ এই জীবন,
তার চেয়েও কেন এত, মিথ্যে আয়োজন?
কাল অবধি যা না হলেও ছিলাম নিজের মতো,
আজ তা না-পাওয়ার ব্যথাই, বুকের গভীর ক্ষত।

ক্ষতের ওপর প্রলেপ দিতে, জমাই কত দামি,
চাকচিক্যের ভিড়ে কেবল... হারিয়ে যাচ্ছি আমি।
অন্য কারো আলোয় দেখি নিজের মনের অভাব,
মিথ্যে পাওয়ার এই নেশাটাই, "আমার দায়িত্ব" – স্বভাব।

স্বভাব দোষে শূন্যতাকে, ঢাকতে গিয়ে রোজ,
আসল তৃপ্তি কোথায় বাঁচে, রাখছি কি তার খোঁজ?
যে পণ্য ছাড়া আমার, দিব্যি কাটত দিন,
আজ তা ছাড়া নিজের ভুবন লাগে বর্ণহীন।

বর্ণহীন এই মায়াজালে ছুটছি অবিরত,
চাহিদাগুলো স্রোতের তালে, বাঁধ ভাঙে নিজের মতো।
চাহিদার স্রোত থামলে পরে, থমকে তাকাই দর্পণে,
চোখের জলই প্রশ্ন করে, মিথ্যে এ ভার কী প্রয়োজনে?

মনের বেড়া

চেতনার ওই শান্ত বাগান, স্নিগ্ধ সুবাসে ঘেরা,
তাকে বাঁচাতে মনকে দিই, সতর্কতার বেড়া।
বেড়া যদি নড়বড়ে হয়, আলগা থাকে খুঁটি,
বাইরে থেকে রাগ–ক্ষোভেরা, করবে লুটোপুটি।

ক্ষোভের ওই বন্য পশুরা, ছিঁড়বে গাছ পালা,
অজ্ঞ এই মনের ভুলে, জমবে বুকে মোহের কালা।
লোভ–লালসার আগাছাতে, ঢাকবে চেনা বাগান ঘর,
আপন সত্তা ভুলে গিয়ে, নিজের কাছেই হবো পর।

অপর হয়ে নিজের সঙ্গে, কিভাবে জানিনা বাঁচা যায় –
বাইরের ওই নোংরা কাদায়, বাগান বাড়ীর শান্তি ধায়।
তাইতো আজ শক্ত করি, মনের ওই ভাঙা বেড়া,
অবাঞ্ছিত কষ্টগুলো, বাইরেই থাক দিশে–হারা।

পথ হারানো সেই ক্ষোভেরা, বাধা পেয়ে ফিরবে ঠিক,
মনের বেড়ার সচেতনতায়, আগলে রবে চতুর্দিক।
বিষাক্ত কোনো কাঁটার লতা, ডিঙাবে না আর মনের দ্বার,
অচিন পশুর নোংরা থাবা, রুখবে বেড়া বারবার।

শান্ত ওই চেতনার ঘরে, ফুটবে আবার নতুন ফুল,
ভেতর সদা সুরক্ষিত, আনন্দ ফলে ভরবে কূল।
বাইরের ওই মিথ্যে মায়ায়, রুদ্ধ হবে না মুক্ত শ্বাস,
সবুজে ঘেরা এই বাগানেই, গড়বো নিজের স্থায়ী বাস।

আশার বাঁধন

বুকের ভেতর আপন মনে, বুনি রঙিন আশার সুতো,
ভাবি সেই সুতোর টানেই, মিটবে আমার অভাব যতো।
নিজের মতো ছক সাজিয়ে, বানাই কল্পে কাঁচের ঘর,
ভাবি আমার ইচ্ছেমতোই, আপন হবে সকল পর।

সকল পর আপন করার, এই যে আমার মিথ্যে চাওয়া,
বাস্তবতার রুক্ষ ঝড়ে, হঠাৎ লাগে উল্টো হাওয়া।
কাঁচের ঘরে ফাটল ধরে, বুকে জমে গভীর ক্ষত,
না–পাওয়ার এই শূন্যতাতে, কষ্ট বাড়ে অবিরত।

অবিরত এই কষ্টগুলো, জমতে জমতে পাথর হয়,
হতাশাটাই রূপ বদলে, রাগের বিষে জন্ম লয়।
অপ্রাপ্তির এই অন্ধ ঘোরে, জড়িয়ে পড়ি রাগের জালে,
ভাঙা কাঁচের টুকরো যেন, আপন হাতেই রক্ত ঢালে।

রক্ত ঢালা সেই আগুনে, পুড়তে থাকে চেনা মায়া,
অন্ধ রাগে ভস্ম করি, সম্পর্কেরই শীতল ছায়া।
ক্ষোভের ওই তীব্র ঘোরে, শুরু হয় এক অন্ধ দহন,
রাগের বশে ধ্বংস করি, ভালোবাসার সব আয়োজন।

আয়োজনের শেষে দেখি, পড়ে আছে কেবল ছাই,
অন্যকে আজ বাঁধতে গিয়ে, নিজেকে আশায় বাঁধা পাই।
বুঝতে পারি, আশার বাঁধন আসলে এক মায়ার ফাঁদ—
প্রত্যাশাকে পোড়াতে পারলেই, জীবনে মেলে বাঁচার স্বাদ।

প্রত্যাশার অসুখ

চলতে চলতে এই জীবনে— কত মানুষের সাথে বাঁধি মন,
ভেবে নিই— এই বুঝি টান, এই বুঝি আমার আপনজন।
অজান্তেই গড়ে তুলি— এক অদৃশ্য মায়ার দেয়াল,
সুসম্পর্কের নামে— পুষে রাখি কেবলই নিজের খেয়াল।

নিজের খেয়ালে গড়ে ওঠে— এক শর্তের সুড়ঙ্গ–পথ,
রোজ যেখান দিয়ে পারাপার হয়— আমাদের মিথ্যে শপথ।
বিনিময়ের শর্তে বাঁধা— সেই সম্পর্কের ভাষা,
যাকে আমরা টান বলি— সে তো কেবল এক অন্ধ প্রত্যাশা।

অন্ধ সে প্রত্যাশায় যখন— হঠাৎ থামে আদান–প্রদান,
আঘাত যেন আঁকড়ে ধরে, মন গায় যন্ত্রণার সেই গান।
কিংবা কাছের মানুষটা যখন— হাঁটে তার নিজের ইচ্ছেমতো—
বুকের ভেতর তখন বাড়ে, এক তীব্র যন্ত্রণার ক্ষত।

যন্ত্রণার এই ক্ষত নিয়ে— আমরা মিছেই দিই সম্পর্কের দোষ,
ভাবি অন্তর টানে জোটে— হয়ত কপালে এত আক্রোশ।
অথচ আঘাত তো সে দেয়নি— দিয়েছে ওই প্রাপ্তির মোহ—
না পাওয়ার ক্ষোভে জ্বলে ওঠা, এ তো মোর স্বার্থের বিদ্রোহ।

স্বার্থের এই খাঁচা ভেঙে— যদি পারতাম নিঃস্বার্থ হতে,
ভেসে যেতাম না তবে হয়ত, এই দেখন্দারির স্রোতে।
যে হৃদয় দিতে জানে— পাওয়াতে নেই কোনো উন্মুখ—
সে সম্পর্কে মুক্তি মেলে সেরে যায় সব প্রত্যাশার অসুখ।

আত্মত্যাগের দহন

অন্যের মুখে হাসি ফোটাতে, কী যে এক অদ্ভুত নেশা!
নিজের ইচ্ছেগুলো সরিয়ে রেখে, কেবল তাদের রঙেই মেশা।
আমি না হয় কমই পেলাম— তাতেই বা কী যায় আসে?
অপ্রাপ্তির কষ্ট সয়ে যায়, প্রিয় যখন মন খুলে হাসে।

ছাড়ের স্রোতে ভেসে কবে হারালাম নিজের নাম,
নিজেরই নদীতে আজ আমি দিশাহারা অবিরাম।
মোমবাতির মতো নীরবে গলে, জ্বালাই আলো রাতভর,
ভেতরের আত্মদহনখানির, সাক্ষী কোন্ নিশাচর?

যাদের জন্য এই নিজেকে ভাঙা, ভাবে তারা এটাই স্বাভাবিক,
দিতে দিতে আমি আজ হয়েছি যেন, এক অনুভূতিহীন নাবিক।
তারা শুধু নিতেই জানে, এটাই চেনা নিয়ম—
একে ভেবেছিলাম সম্পর্কের রীতি— কী ভয়ানক বিভ্রম!

যেদিন হাতে ফুরায় সব দেবার শেষ আয়োজন,
চেনা ভিড়েও মেলে না পাশে দাঁড়ানো কোনো প্রিয়জন।
বুঝি তখন, বিলিয়ে দেওয়াই নয়তো ভালোবাসা,
সব উজাড় করলে শেষে, নিজেই বানে ভাসা।

ত্যাগের মহিমায় সাজতে গিয়ে, হারিয়েছি নিজেরই সত্তা,
আজ আয়নায় দাঁড়িয়ে খুঁজি, কে করেছে এই হত্যা?
অন্যকে বাঁচাতে যে মানুষটা রোজ, নিজের স্বপ্নগুলোকে পোড়ায়—
আত্মত্যাগের দহন শেষে সে কেবল, একাকিত্বের ছাইটুকু পায়।
তাই নিজের প্রদীপ নিভিয়ে দিয়ে, দিয়ো না কাউকে আলো,
আগে নিজের সত্তাকে বাঁচাও, তবেই অন্যকে বেসো ভালো।

দায়িত্বের বাঁধন

স্নেহের দোহাই দিয়ে তারা রোজ, চাপায় যে কতো ভার,
ত্যাগের নামেই কেড়ে নিতে চায়, বাঁচার অধিকার।
ঋণের হিসেব বুঝিয়ে সদাই, শেখায় আত্মদান,
দায়িত্বের ওই ঘেরাটোপে তাই, বিকাই নিজের প্রাণ।

প্রাণের খুশিকে বলি দিয়ে রোজ, শোনায় নীতিকথা,
আত্মপ্রেম নাকি স্বার্থপরতা , এই যদি হয় প্রথা!
আবেগের ফাঁদে আটকে আমায়, দেখায় ভয়ের ছায়া,
কর্তব্য বলে চালিয়েই দেয়, শিকল–বাঁধা মায়া।

মায়ার আড়ালে এই যে শোষণ, এ – তো নয় ভালোবাসা,
ডানা কেটে দিয়ে চাপিয়েই দেয়, নিজেদের মিথ্যে আশা।
অন্যের ছকে বাঁচতে গিয়েই, ভুলেছি আপন পথ,
দায়িত্বের এই খাঁচায় আটকে, থেমেছে নিজের রথ।

থমকে থাকা ওই রথের চাকায়, কিভাবে আনবো গতি?
হারিয়ে নিজেকে ক্লান্ত আমি, খুঁজি বোধের মতি।
আবেগের এই মিথ্যে খেলাতে, হবো না তো আর দাস,
শেকল ছিঁড়েই নেবো যে এবার, নিজের মুক্ত শ্বাস।

মুক্ত শ্বাসের আকাশ খুঁজি, ভাঙবো ভয়ের প্রাচীর,
নিজেকে খুঁজতে আজ যে আমার, মন ভীষণ অধীর।
নিজের সত্তা বাঁচানোই হোক, আসল দায়িত্ববোধ,
ত্যাগের পথের মিথ্যে অঙ্ক, সদা করবো অবরোধ।

নিয়ন্ত্রণের চাদর

সুচিন্তক সেজে যারা, রাখে আমার খোঁজ,
প্রিয় ভেবে শাসন করে, চাপায় নিয়ম রোজ।
স্নেহের নরম চাদর দিয়ে, ঢাকে অবিরত,
জবরদস্তি চাপিয়ে মত, করে সদাই নত।

নত হয়েই বইছি আমি, মিথ্যে কতো ভার,
সমাজ বলে শাসন নাকি, মঙ্গলেরই দ্বার!
ভালো রাখার দোহাই দিয়ে, কাড়ছে অধিকার,
উপদেশের পাহাড়তলে, মনে দাবে চিৎকার।

আর্তনাদের শব্দ কি আর, বাইরে শোনা যায়?
নিয়ন্ত্রণের চাদর যখন জড়ায় আমায়!
নিজের মতো বাঁচার পথে, তৈরি শত বাধা,
শ্রদ্ধা রাখার মিথ্যে দায়ে, সইছি নীরব ব্যথা।

ব্যথার মাঝে বুঝতে পারি, সুচিন্তকদের চাল,
স্নেহের মোড়ক আসলে এক, সর্বনাশা কাল।
খোলস ঢাকা আপনজনেরা, দেখায় আসল রূপ,
ভালবাসার দায়ে সদাই, থাকতে হবে চুপ।

চুপ করে আর সইবো না তো, ছিঁড়বো মায়ার জাল,
জবরদস্তির আঁধার কেটে, আনবো নতুন কাল।
নিয়ন্ত্রণের চাদর ফেলে, গাইবো মুক্ত গান,
স্নেহের নামে শাসন করার, আজ হোক অবসান।

বিবেকের লাগাম

বুকের ভেতর লুকিয়ে আছে, বন্য একটা রূপ,
ক্ষমতা আর টাকার লোভে, বাঁধছে কেবল স্তূপ।
সবটা কেবল নিজেরই চাই, অন্ধ অহংকার,
দম্ভ মেপে বিচার করি, কার কতো ভার!

ভারি হচ্ছে পাপের ঝুলি, অন্ধ ঈর্ষা রোষে,
স্নেহের সুতো ছিঁড়ছে দেখো, মিথ্যে মোহের দোষে।
এই প্রবৃত্তি খামখেয়ালি, অসুর হয়ে ওঠে,
সাফল্যেরই দম্ভ নিয়ে, ধ্বংস পানে ছোটে।

ছোটে যে ওই আদিম সত্তা, বন্য স্বভাব নিয়ে,
ওকে মারলে বাঁচার আগুন, যাবে যে নিভিয়ে!
ইচ্ছে, ক্ষুধা, জেদের আগুন— এরই তো স্বরূপ,
গলা টিপে ধরলে চেপে, তার বিশ্ব হবে চুপ।

চুপ করে কি বাঁচা যাবে, লাগাম ছাড়া হলে?
অসুর হয়ে ভাঙবে জগৎ, অন্ধ জেদের বলে।
খারাপ তো নয় আদিম ক্ষুধা, প্রকৃতিরই দান,
অন্ধ হলে তবেই সে যে, কাড়বে সবার প্রাণ।

প্রাণ জুড়োতে আজকে লাগে, শুভ একটা বোধ,
বন্যতারই পিঠে বসে, মেটাবে সব শোধ।
না মেরে ওই শক্তিটাকে, ধরলে এসে রাশ,
বিবেকের ওই পরশ পেয়ে, ফুটবে যে বিশ্বাস।

বিশ্বাসেই স্নিগ্ধ হবে, মনের যতো ক্ষত,
সুমতি আজ রথ চালাবে, প্রখর জ্ঞানীর মতো।
বিবেক যখন লাগাম ধরে, উধাও সকল ভয়,
বাহন করে প্রবৃত্তিকেই, মানুষ ঈশ্বর হয়।

দেহের রণাঙ্গন

দেহ নামের দুর্গ মাঝে, নিত্য লড়াই চলে,
সৃষ্টি মানেই ধ্বংস আছে, অমোঘ বিধান বলে।
টিকে থাকার এই সমরে, যুদ্ধ অবিরত,
বাইরে থেকে হানছে আঘাত, শত্রু শত শত।

শত শত শত্রু আসে, খুঁজছে ঢোকার পথ,
ভাবনা নদীর চোরা স্রোতে, ভাসে তাদের রথ।
খাদ্য যানের আড়াল নিয়ে, ভাঙছে দেহের দ্বার,
রক্তে মেশে বিষের ব্যাধি, বাড়ে হাহাকার।

হাহাকারের শব্দ শুনে, কাঁপে দেহের মূল,
মহান রাজা "চেতনা" আজ, হারায় তার কূল!
মুকুট শিথিল সিংহাসনে, ঘনায় কালো ছায়া,
অসুখ–জ্বরে ব্যথার ঘোরে, ছাড়ছে বাঁচার মায়া।

মায়ার ঘোর কাটিয়ে যবে, জাগে আবার রাজা,
বুঝতে পারে নিজের ভুলেই, পাচ্ছে এমন সাজা!
অসীম সাহস জেগে ওঠে, চেতনারই বুকে,
দেহের ভাঙা প্রাচীর গড়ে, বিষের নদী রুখে।

রুখে দিয়ে শরীর পতন, সামলে নেয় সে হাল,
রোগ–ব্যাধি আর অবসাদের, ছিঁড়ে ফেলে সব জাল।
শুদ্ধ ভাবনার স্রোতে রাজা, ধুয়ে ফেলে ক্ষত,
ভেতর ঘরের সৈন্য আবার, লড়ে অবিরত।

অবিরত লড়লে এমন, অবিচল থাকে শরীর,
চেতনার এই বিপুল জয়ে, বর্তমান হয় সুস্থির।
দুর্গ যখন সুরক্ষিত, শান্ত থাকে মন,
সজাগ রাজার পাহারায়, বাঁচে দেহের রণাঙ্গন!

ভয়ের খাঁচা

পুজোর থালায় ভক্তি সাজাই, পাপের ভীষণ ভয়ে,
স্বর্গ পাবার মিথ্যে আশায়, ধর্ম বুকে লয়ে।
নরক–ভয়ের বিভীষিকায়, মাথা নামাই রোজ,
প্রেমের চেয়ে অন্ধ ত্রাসেই, করছি পুণ্য খোঁজ।

খোঁজার ছলে টানছি কেবল, কর্তব্যের ওই ভার,
সমাজ পাছে নিন্দে করে, তাই করি দুর্গম পার।
ত্যাগের নামে দেখছি কেবল, লোকলজ্জার ত্রাস,
খাঁচায় বন্দি জীবন কাটাই, ফেলি দীর্ঘশ্বাস।

দীর্ঘশ্বাসের বাতাস ভারী, ভালোবাসার নামে,
একা থাকার ভীষণ ভয়ে, বিকাই সস্তা দামে।
নিঃসঙ্গতা ঢাকতে গিয়েই, আঁকড়ে ধরি হাত,
প্রেমের নামে ভয়ের ছায়ায়, কাটছে দিবা রাত।

রাতের শেষে চরম ঘাতে, ঠকলো যখন মন,
মিথ্যে মায়ার মুখোশ খুলে, কাঁদলো দু'নয়ন।
আঘাত পেয়ে বুঝতে পারি, চলছে অভিনয়,
শেকড় খুঁড়ে দেখছি কেবল, পুঞ্জীভূত ভয়।

ভয়ের শিকল কাটবো বলেই, ভাঙছি মনের দোর,
অন্ধকারের শেষে আমি, আনবো খুশির ভোর।
দায়বদ্ধ প্রেমের মাঝে, ত্রাস করে বসবাস,
সত্যি বলতে এসব কেবল, দাসত্বের ইতিহাস!

ইতিহাসের পাতা থেকে, নিচ্ছি এবার ছুটি,
ভয়কে পিছে ফেললে তবেই, খুলবে চোখ দুটি।
ভক্তি এবং ভালোবাসায়, আসুক স্বাধীনতা,
ভয়ের খাঁচা ভাঙলে তবেই, জুটবে এই পূর্ণতা।

স্বপ্ন হত্যা

সমাজ শেখায় হিসেব–নিকেশ, অঙ্কে মাপে বুকের জোর,
বড় হওয়ার স্বপ্ন দেখলে, অট্টহাসিতে ভরায় ঘর।
পকেটে আছে কতো টাকা, সেই মাপেতেই কাটে ছক,
উড়তে চাওয়া ডানার ওপর, চাপিয়ে দেয় ভয়ের শখ।

ভয়ের ওই শেকল টেনেই, গলা টেপে রোজ ইচ্ছেপাখির,
অন্ধকারের খাঁচায় বন্দী করতে, খাড়া করে যুক্তির প্রাচীর।
যুক্তির ওই দেয়াল দিয়ে, আড়াল করে রোদের রেখা,
অযোগ্যতার মাপকাঠিতে, মুছতে চায় ভাগ্য–লেখা।

ভেতরের ওই অঙ্ক যেদিন, একলা বসে খুঁজতে যাই,
দেখি আমার নিজের কাছে তো, কারোর কোনো বকেয়া নাই।
কে কী বলল, কে হাসল, তাতে আমার কী বা আসে যায়!
বুকের ভেতরের ইচ্ছে আগুন, নিজের আলো একাই পায়।

নিজের সেই আলোর দিশায়, চিনতে শিখি জীবন পথ,
নিন্দুকদের মিথ্যে কথায়, থামবে না আর আমার রথ।
কে বা দেয় উৎসাহ আর, কেউ করে অবহেলা,
নিজের সাথে সন্ধি আমার, শুদ্ধ চেতনার পথে চলা।

সত্যের এই শুদ্ধ পথে, নিজেকেই আজ বেছে নিই,
সব হিসেবের বাইরে গিয়ে, নিজেকেই বেশি গুরুত্ব দিই।
স্বপ্ন হত্যা করবে কে আর? আমিই তো আমার নিজের ঢাল,
শুদ্ধ মনে এগিয়ে গিয়ে, মেলাই নিজের ছন্দের তাল ।।

মিথ্যে পথ

বুকের গভীর তৃষ্ণা নিয়ে এক পথিক নামে পথে,
সত্য পাহাড় ছোঁয়ার নেশায় ছুটলো আপন রথে।
অচিন কোনো অজানাতে মনটা শুধু ধায়,
আসল পথের দিশা সে কেমনে খুঁজে পায়?

পায় না যখন সহজ কোনো মসৃণ ওই পথ,
ভিড়ের মানুষ ধরলো চেপে, থামিয়ে তার রথ।
হাতে দিলো এক মানচিত্র, হয়ত মিথ্যে অভিমত,
লোভে পড়ে পথিক ভাবে, বদলাবে তার কিসমত।

পথ বদলের সস্তা মোহে অন্ধ হলো চোখ,
ভিড়ের পথে পা মিলিয়ে ঢাকলো মনের শোক।
আপন সত্তা বলছে তাকে– এ এক মিথ্যে অভিযান,
জেনে বুঝেই ভ্রমের ম্যাপে সঁপেছে সে প্রাণ।

প্রাণ বিকিয়ে সহজ পথে ফোটে না রথে শূল,
অন্ধ ভিড়ও ভাবছে পথিক যেন না করে কোনো ভুল।
বুকের ভেতর বিঁধলো এবার না জানি এক কাঁটা,
ভুল জেনেও কি মিথ্যে পথে, যায় কি তবে হাঁটা?

হাঁটতে তো চায় জাঁকজমকে, পায় সে কতো জয়,
মনের ঘরে জমতে থাকে সাঙ্ঘাতিক এক ভয়।
আপন সত্তা সত্যি জানে, বাইরে মিথ্যে সায়,
বুকের ভেতর মনের শান্তি আস্তে আস্তে ফুরায়।

যায় কি পাওয়া স্বস্তি মনে, আপন সত্যি ছাড়া?
ভিড়ের দেওয়া মানচিত্র কি করছে দিশাহারা?
নিজের সাথে বেইমানি যে, করছে জেনেশুনে,
মিথ্যে পথের মাসুল তাকে, দিতে যে হবে গুনে।

পথভোলা পথিক

আলোর খোঁজে নেমেছিল এক পথিক সান্ধ্য কালে,
সহজ পথটি হারিয়ে গেল মায়ার নিবিড় জালে।
ক্লান্ত চোখে বনের ছায়া রূপ নিল এক সাজে,
যে আলো ভেবেছিল চিরদিশা, তা লুকায় ছলনার মাঝে।
সেই রূপের মায়ায় বিভোর পথিক, দিশা হারালো ভুলে—
ভ্রমের আলোর পিছে ছুটে সে নামলো বিপদ–কূলে।

যাকে ভেবেছিল ধ্রুবতারা, সে তো নিছক ফাঁদ,
প্রতারণা সইতে না পেরে ভাঙল ধৈর্যের বাঁধ।
বুক ফাটা সেই আক্ষেপ থেকে জন্ম নিল অসীম রাগ,
নিজের গড়া শান্ত মনেই লাগল কলঙ্ক–দাগ।
ক্রোধের আগুনে পুড়ল বিবেক, পুড়ল মনের বন,
বিমর্ষ সেই পোড়া ছাইয়ে বিষণ্ণ হলো ক্ষণ।

নিজের ভেতর দহন সইতে ডুব দিল মাদক–তলে,
বিবেক খুইয়ে ভাসলো সে আসক্তির গরলে।
ভাবল নেশায় জুড়োবে প্রাণ, মিটবে প্রাণের দাহ,
ভুল আশ্রয়েই হারাল তাহার শেষটুকু উৎসাহ।
সেই ঘোরেতে জন্ম নিল এক অতল লোভের ক্ষুধা,

শূন্যতা ঢাকতে মরিয়া হয়ে বিষকেই ভাবল সুধা।

অরণ্য লুটে ভরল ঝুলি, হারালো আদি পথ,
জয়ের নেশায় মত্ত পথিক ছোটাল দম্ভের রথ।
পাশে তার কেউ নেই আজ, নেই কোনো সহযাত্রী,
নিজের ভ্রম সাম্রাজ্যে সে যেন একলা বিলাপ–রাত্রি।
শূন্য রাতে শুনল সে কেবল নিজের পায়ের ধ্বনি,
বাহির জয়ের আবরণে ঢাকা ভাঙা অন্তর–বাণী।

যা পেয়েছে সবই বাইরে—ভেতর রইল শূন্য,
সত্তার গভীর নীরব দীপ ছিল তবু অক্ষুণ্ণ।
অরণ্য শেষে দাঁড়িয়ে দেখে এক অসীম শূন্যতা,
সব পাওয়ার খেলায় হেরে, সে হারিয়েছে স্বরূপতা।
যে আলোটির সন্ধানে তার পথে নামা নিশিক্ষণে,
নিজের দোষেই নিভিয়েছে তা আপন অজ্ঞানে।

আত্ম রামায়ণ

বাইরে রাবণ পুড়িয়ে আমরা ভাবছি পাব পুণ্য,
ভেতরে দশটা সাপের ফণায় হৃদয় করছি শূন্য।
লোভ, মোহ আর অহংকারে নিত্য চলে খেলা,
রামের নামে ঢাকতে চাইছি নিজের অবহেলা।

অবহেলার অন্ধকারে দশটা মাথা জাগে,
সাঁতার কাটি ষড়রিপুর নিবিড় কালো দাগে।
লোভের বশে নিজের মনে গড়ছি সোনার লঙ্কা,
বাইরে সাধু, ভেতরে পুষি হারানোর সব শঙ্কা।

শঙ্কার এই ঘেরাটোপে রঘুপতির নীতি,
বাস্তবে তো রাবণ–দাপট, মিথ্যে সব প্রীতি!
পুজোর থালায় ফুল সাজিয়ে খুঁজছি শুধু ত্রাণ,
ভেতরে যে হিংসা বাঁচে, সেদিকে নেই কান।

কান না দিয়েই আয়নাতে রোজ দশটা ছায়া ভাসে,
দম্ভগুলো জেদের বশে অট্টহাসি হাসে।
জ্বলন কাতর মায়াজালে আমরা সবাই বন্দি,
রামের নামে করছি কেবল স্বার্থপরের ফন্দি।

ফন্দি ছেড়ে রিপুর বাঁধন কাটতে যদি পারি,
তবেই সার্থক রামের পুজো, মিথ্যে ভান কে ছাড়ি।
আগে আমার দর্প পুড়ুক, ছাই হোক সব পাপ,
তবেই তো আজ ঘুচবে মনের দীর্ঘ অভিশাপ।

অভিশাপের এই দশটা মাথা রুখতে যেদিন জানবো,
সেদিনই তো রামের বোধকে নিজের মাঝে আনবো।
কাব্য নয়, এ জীবন হোক রামায়ণের পাতা,
আগে আত্ম অহং ভাঙুক, পুড়ুক দশ মাথা।

আত্মহনন

যে আলো নিজেই চেয়ে, নিয়েছে দেহের বেশ,
মাঝপথে সে কেমনে বন্ধু, করবে তাকে শেষ?
জীবনের এই খেয়া, সেই সত্ত্বারই তো বাছা,
তবে কেন ভাঙতে চাই, এই শরীরের খাঁচা?

খাঁচার তো দোষ নেই কোনো, সবই তো অহমের,
মিথ্যে সেজে শাসন করে, ছায়া পরে শরমের।
সমাজের কঠিন শর্তে, হেরে গিয়ে বেচারা,
গ্লানিটুকু ঢাকতে তখন, মনকে করে দিশাহারা।

দিশাহারার ঘোরে অহং, পাগল হয়ে ছোটে,
মৃত্যু নামের অন্ধ কুঠার, তাই তো হাতে ওঠে।
বাঁচাতে নিজের অস্তিত্ব, সে আজ ভীষণ অন্ধ,
শরীরটাকে ধ্বংস করার, খোঁজে মরণ ছন্দ।

ছন্দের ভুলে হেরে যাওয়া, এ তো চরম অবিচার,
মিথ্যে ছায়ার ভ্রমে, কায়া মানবে কেন হার?
যে অহং ভয় দেখিয়ে, ঘেরাও করে রাখে,
তাকেই কেন পোড়াতে পারি না, মরণ পথের বাঁকে?

বাঁকের শেষে দাঁড়িয়ে কেন, ফেরাতে পারি না রথ?
অহংকে কেন দিই না বলি, বাছি জীবন পথ?
আত্মহনন শরীরের করি, কেন ভাঙ্গি না অহংকার?
অহং ছাই হলে পরে, হয়ত খুলবে মোর চেতন–দ্বার।

দায়ভারের দর্পণ

নিজের দোষে হোঁচট খেয়ে খুঁজলে লোকের ভুল,
ব্যর্থতাকে ঢাকতে গিয়ে হারায় চেনা কূল?
আয়নাটাকে আড়াল করে ঢাকলে নিজের মুখ,
মিথ্যে কোনো সান্ত্বনাতে মেলে কি আর সুখ?

সুখের খোঁজে অন্ধ হয়ে করলে কতো ভুল।
নাও ডুবালে দোষী কি হয় নদীর দুই কূল?
পাখির ডানা রুগ্ন হলে বাতাস কি দোষ পায়?
উড়তে গিয়ে আছড়ে পড়ার যেন হাস্যকর সে দায়।

দায় এড়ানোর সস্তা খেলায় বদল কি আর আসে?
শীতের দোষে ঝরা পাতা আবার কি কাল হাসে?
নিজের ছায়া বাঁকা হলে রোদকে দেওয়া গালি,
এসব করে কেমনে জোটে জোড়া কর তালি?

তালি দিয়ে ফুটো নৌকো ভাসবে কতো কাল?
ভুল সুধরেই ধরতে হবে নিজ কর্মের হাল।
নিজের খুঁতটা মেনে নেওয়াই প্রথম শোধন ধাপ,
এতেই ধুয়ে সাফ হয়ে যায় ব্যর্থতার ওই ছাপ।

ছাপ মুছে যে নিজের কাঁধে নিতে পারে গো ভার,
অন্য ঘাড়ে দোষ চাপানোর ইচ্ছে থাকে না তার।
যে জন নিজের মিথ্যে অহং ভাঙতে পারে রোজ,
উন্নতির ওই খাঁটি চাবি রাখে তারই খোঁজ।

খোঁজ পেলে সেই সত্যপথের, কাটে সকল ঘোর,
ভুল শুধরেই জাগে সদা আত্মগর্বের ভোর।
অন্য ঘাড়ে দোষ না দিয়ে রাখলে খাঁটি মন,
তার কাছেতেই ধরা দেয় সেই 'দায়ভারের দর্পণ'।

চিন্তার ফাঁদ

পুরোনো ওই স্মৃতির ঘরে, চলে চিন্তার খেলা,
অতীত কালের অভ্যাসেতেই, কাটে সারা বেলা।
যন্ত্র হয়ে পুরোনো পথই, ভাবে সদা ঠিক,
অহংটাকে বাঁচাতে সে, ধরে বাঁকা দিক।

দিক হারিয়ে মিথ্যে মোহে, ঢাকে নিজের পাপ,
সত্যিটাকে আড়াল করে, লুকায় কালো ছাপ।
'আমি' নামের মূর্তিটাকে, সে পুজে সারাক্ষণ,
নিজের সাথে বেইমানিতে, মাতে তারই মন।

মন তো জানে পুরোনো ছক, বড্ড বেশি ফাঁকা,
অহংটাকে বাঁচাতে সে, তাই আঁকছে ছবি বাঁকা।
চিন্তা কি আর নিজের ভুলে, প্রশ্ন কভু তোলে?
'আমি' নামের মিথ্যে মোহে, সত্যিটাকে ভোলে।

ভোলে যখন অমর সত্য, নামে কালো রাত,
চেতনার এক খাঁটি আলো, ধরে এসে হাত।
স্মৃতির কোনো অংশ সে নয়, নয় তো সে তার দাস,
অচিন থেকে এসে করে, পুরোনো ছক নাশ।

নাশ করে সে চিন্তার ফাঁদ, দেখায় সোজা পথ,
থামিয়ে দেয় মিথ্যের গাড়ি, অহংকারের রথ।
চিন্তার এই অন্ধত্বে, চেতনা খোলে চোখ,
আয়না হয়ে মুছিয়ে দেয়, মিথ্যে যতো শোক।

শোক ফুরোলে মনের ঘরে, সত্য এসে জাগে,
অতীত কালের মিথ্যে ছকটা, চেতনার তরে ভাঙে।
স্মৃতির বেড়া ভেঙে সেদিন, কাটে মিথ্যে মায়া,
চিরতরেই যায় মুছে তখন, চিন্তা ফাঁদের ছায়া।

কল্প কারাগার

দহন থেকে বাঁচতে মানুষ, মিথ্যে স্বর্গে ছোটে,
ইচ্ছেগুলোর পূরণে সে, সাময়িক সুখ লোটে।
সুখের লোভে ইচ্ছে করেই, বোনে মায়ার জাল,
কল্পনার এই কারাগারে, ধরে মিথ্যে হাল।

হাল না ছেড়ে ইচ্ছেগুলোই, চায় যে কতো সুখ,
না পেলে তা নরক হয়ে, পোড়ায় শুধু বুক।
স্বর্গ–নরক দুটোই হলো, মোহ জালের ফাঁদ,
দাসত্বতেই আটকে থাকে, মিথ্যে মনের সাধ।

সাধ মেটাতে রঙিন খাঁচায়, বন্দি অবুঝ প্রাণ,
জয়–পরাজয় দুটোই কেবল, গায় শিকলের গান।
দুঃখ ছেড়ে সুখের পিছে, ছুটে অবিরত,
সাজানো এই বন্দিশালায়, বাড়ায় শুধু ক্ষত।

ক্ষত বুকে দেখে মানুষ, হারায় সবই শেষে,
স্বর্গ নামের মিথ্যে আশা, কান্না হয়ে ভাসে।
পড়লে কোনো নরক খাদে, ফেরা কি যায় ঠিক?
অস্থায়ী এই স্বর্গ–নরক, বদলায় শুধু দিক।

দিক হারিয়ে প্রশ্ন জাগে, কে যে ভোগে সুখ?
কে সে আসল যে চিনেছে, নরক পোড়া বুক?
স্বর্গ–নরক ভুগছে যে জন, কে সে আসল প্রাণ?
এই প্রশ্ন জাগলে তবেই, গায় সে খাঁটি গান।

গানের সুরে এই প্রশ্নেই, ভাঙ্গে সকল মায়া,
স্বর্গ–নরক দুটোই নয়কি, সাজানো এক ছায়া?
এই ভ্রমের বাইরে খাঁটি যে জন, চলে সত্যের পথে,
মুক্তি মেলে চিরতরেই, এই কল্প–কারা হতে।

অস্থিরতার মরীচিকা

বাইরে কেবল ছুটছে মানুষ অন্ধজনের মতো
ক্লান্ত হয়ে বাড়ায় শুধু বুকের ভেতর ক্ষত।
মরীচিকার পিছে ছুটে মেটে কি আর তৃষা?
শান্তি খোঁজার দৌড়ে কেবল হারায় তারা দিশা।

দিশার খোঁজে যতোই তারা বাড়ায় আপন গতি
ততোই যেন অশান্ত দীর্ঘ হচ্ছে তাদের মতি।
সুখের খোঁজে বাইরে ছোটা নিছক বড়ো ভুল,
অস্থিরতার সাগরে আজ পাচ্ছে না কেউ কুল।

কুলের খোঁজে ঘুরছে কেবল মিথ্যে আশার ঘোরে,
বাইরের এই মোহ তাদের নিত্য কাঙাল করে।
অস্থিরতা বাড়ছে বুকে, ক্লান্ত দুটি চোখ
বাইরে খুঁজে বাড়ায় মানুষ আপন মনের শোক।

শোকের ছায়া আড়াল করে শান্ত হতে চায়,
নিজের ভেতর সুপ্ত নিধি দেখতে নাহি পায়।
বাইরে ছোটার মিথ্যে মোহ কাটলে তবেই ঠিক,
স্থিরতাতেই চিনতে পারে আসল আপন দিক।

দিকের ভুলে বাইরে ছোটার গল্প হলে শেষ,
পায় খুঁজে নিজের মাঝেই সুপ্ত শান্ত দেশ।
অস্থিরতার চাদর খুলে স্থির হয় যখন চিত,
তখন মানুষ গায় মনে মুক্ত প্রাণের গীত।

ইচ্ছার ধোঁয়া

ইচ্ছাগুলোর গলা টিপে, বাঁধছি যতো ফাঁদ,
লড়তে গিয়ে মেটে কি আর, শান্ত হওয়ার সাধ?
রুখতে গিয়ে বুকের ভেতর, বাড়াই শুধু জোর,
দমন করার বাসনাতেই, বাড়ছে মনের ঘোর।

ঘোরের মাঝে আটকে থেকে, লড়ছি নিশিদিন,
'আমার' বলে আঁকড়ে ধরলে, হয় কি ওটা লীন?
দমন করে ইচ্ছা কি আর, যায় গো করা জয়?
লড়তে গিয়ে বুকের ভেতর, বাড়ে শুধু ভয়।

ভয়ের মাঝে কাঁপন ধরে, জাগলে ইচ্ছা–ঢেউ,
শান্ত হয়ে দেখার খবর, রাখছি কি আর কেউ?
শূন্য থেকে উঠছে জেগে, নিছক একটা ধোঁয়া,
দূর থেকে তা দেখলে কি আর, যায় আমাকে ছোঁয়া?

ছোঁয়ার মোহে অন্ধ হয়ে, বাড়াই কতো দাবী,
কীসের আশায় খুঁজছি আমি, শান্ত হওয়ার চাবী?
আপনা থেকেই নিভবে ওটা, না জড়ালে পাশ,
আঁকড়ে ধরে রাখতে গেলেই, নিজের সর্বনাশ।

সর্বনাশের ভয়টা মুছে, শান্ত করি সুর,
দর্শক হয়ে দেখলে কি ও, পালায় বহুদূর?
মালিকানার দম্ভ ছেড়ে, বোধটা হলে খাঁটি,
কেন্দ্রবিহীন ইচ্ছাগুলো, লুটিয়ে হবে মাটি।

মাটির বুকে মিলিয়ে যাবে, যতোই থাকুক টান,
অস্পৃশ্য এক সত্তা আমি, জাগলে এই জ্ঞান।
দমন করার চেষ্টা ছেড়ে, জাগলে নীরব বোধ,
সাক্ষী হয়ে বাঁচলে কাটে, মিথ্যে অবরোধ।

মায়ার শেকল

মিথ্যে মায়ার শেকল পায়ে, জেলে বন্দী আজ,
অন্ধ হয়ে বইছো কেবল, লোকদেখানো সাজ।
মুক্ত হওয়ার চেষ্টা ভুলে, খাঁচায় বেঁধেছ মন,
অন্ধকারেই কাটছে তোমার, বন্দী সারা ক্ষণ।

ক্ষণের মোহে আটকে থেকে, ভুলেছ আকাশ নীল,
বদ্ধ ঘরে খুঁজছো কেবল, মিথ্যে কোনো মিল।
ভাঙছো না তো মায়ার শেকল, খুলছো কি আর দ্বার?
নিজের মনেই হয়ত মেনেছো, মিথ্যে এই হার।

হারের ভয়ে গুটিয়ে থেকে, চোখটা করেছ বন্ধ,
সৃষ্টি কতো সুন্দর আজ, বুঝলে না তার ছন্দ!
আকাশ ডাকে, বাতাস ডাকে, ডাকে নদীর বাঁক,
বন্দী থেকে শুনলে না তো, মুক্ত পাখির ডাক।

গানের সুরে ডাকছে তোমায়, অসীম বহু দূর,
শেকল ছিঁড়ে পাও কি শুনতে, অচিন পাখির সুর?
মায়ার বাঁধন ভাঙতে যদি, করতে তবে জয়,
সৃষ্টি এ তো স্বস্তির খনি, ঘুচিয়ে দিত ভয়।

ভয়ের খাঁচা ভাঙতে শেখো, ছাড়ো মিথ্যে রেশ,
তবেই তুমি দেখতে পাবে, মুক্ত অচিন দেশ।
লোহার শেকল নয় তো ওটা, মনের বড়ো ভুল,
ভাঙতে পারলে ফুটবে বুকে, শান্তি সুগন্ধি ফুল।

ফুলের মতো ফুটতে হলে, শেকল করো পার,
সৃষ্টি তোমায় ডাকছে দেখো, খুলে আপন দ্বার।
নিজেকে যদি মুক্ত করো, কাটবে মায়ার ঘোর,
সমর্পণ ই সৃষ্টি গড়ে, আনে স্বাধীন ভোর।

অহং যোগান

অহংকারের মিথ্যে মিনার, মনের গহীন কোণে,
ভাবনারাই গড়ছে রোজই, অতি সংগোপনে।
নিজের মাঝেই বুনে চলেছি, চিন্তার এই জাল,
ভাবনাগুলোই তৈরি করে, মিথ্যে এক আড়াল।

আড়াল পেয়েই ভাবনাগুলো, চাইছে মনোযোগ,
আমার দেওয়া দৃষ্টিতেই, বাড়ছে মনের রোগ।
খেয়াল আমি দিই বলেই তো, পাচ্ছে তারা প্রাণ,
আমার থেকেই নিচ্ছে ওরা, বাঁচার সব যোগান।

যোগানের এই পথটা আমি, যদি দিই রুখে,
দৃষ্টি আমি ফিরাতে পারব, শান্ত হয়ে বুকে।
মনোযোগের অভাব হলেই, হারাবে তারা বল,
ভেঙে যাবে অহংকারের, যতো মিথ্যে ছল।

ছলের মায়া ফুরিয়ে গেলে, কাঁপবে অহংকার,
ভাবনাগুলোর মিথ্যে দাপট, মানবে এবার হার।
ভিত্তি ছাড়া কেমন করে, বাড়াবে সে চাপ?
হুড়মুড়িয়ে ভাঙবে তখন, অহংকারের দাপ।

দাপের শেষে শান্ত যখন, আমার চারিপাশ,
নিজের মাঝেই পাবো আমি, মুক্তির আকাশ।
দৃষ্টি আমি সরিয়ে নিলেই, আসে নতুন বাঁক,
অহংকারের ধ্বংস শেষে, আমি শুনবো শান্তির ডাক।

অচেনা স্পন্দন

জানি না ঠিক কোন সে ক্ষণে, হাসির নরম গানে,
অচিন কোনো আলোর ছোঁয়া, নামলো আমার প্রাণে।
তপ্ত মরুভূমির বুকে, যেমন মেশে শীতল হাওয়া,
তেমনি করেই বুকের ভেতর, অচিন শান্তি পাওয়া।

পাওয়ার এই স্নিগ্ধ রোদে, গললো মনের আঁধার,
হৃদয় জুড়ে খুললো যেন, পরম স্বস্তির দুয়ার।
সেই আলোতেই জন্ম নিলো, স্বচ্ছ এক বন্ধন,
অন্ধকারেই বাজলো প্রথম, নির্মল এক স্পন্দন।

স্পন্দনের ওই রেশ ধরে আজ, জাগলো মধুর সুর,
নদী যেমন সাগর খোঁজে, পেরিয়ে বহুদূর।
সেই মিলনের পূর্ণতাতে, মিটলো শূন্য স্থান,
শুকনো ডালে ফুল ফুটিয়ে, যেমন জাগে নতুন প্রাণ।

প্রাণের মাঝে জ্বললো হঠাৎ, স্মৃতির কোনো কণা,
অচিন সেই স্পন্দনটাই, যেন বহু জন্মের চেনা।
অভ্যাসের এই দীর্ঘ টানে, কাঁপে অন্তর কায়া,
নিঃশ্বাসে আজ মিশছে যেন, তারই মধুর ছায়া।

ছায়ার মতো গোধূলি আজ, মিশছে নিশীথ সনে,
অমোঘ এক মিলনের সুর, বাজছে এই মনে।
এই যে টান আর এই স্পন্দন, এই কি প্রেমের ভাষা?
এই প্রেমেই কি মিটবে তবে, অনন্ত শান্তির পিপাসা?

অতলস্পর্শ

দিশাহীন দুটি অচেনা নৌকা, ভাসছিল শান্ত জলের বুকে,
গন্তব্য খোঁজার তাড়া ছিল না, মেতেছিল তারা ভাসার সুখে।
অলিখিত এক স্রোতের টানে, পাশাপাশি শুধু বয়ে যাওয়া—
নিঃশব্দে যেন ছুঁয়ে গিয়েছিল, অনুভবের এক নীরব হাওয়া।

এই বওয়ার মাঝে ছিল না কোনো, মিথ্যে আশার আয়োজন,
অতলস্পর্শ জলের গভীরে, দুলেছিল দুই মুগ্ধ মন।
বাতাসের মতো অদৃশ্য সে প্রেম, ছিল নিঃশর্ত,
ভাসতে ভাসতে তারা যেন গভীর মায়ায় মত্ত।

মায়াবী সে শান্ত নদীতে, হঠাৎ নামল এক নির্দয় ঝড়,
সমাজের ওই নিয়মের বাণে, বিদীর্ণ হলো প্রেমের প্রান্তর।
ছিঁড়ে গেল পাল, হারালো ছন্দ, বিক্ষুব্ধ ওই স্রোতের টানে—
অসহায় হয়ে ডুবল সে প্রেম, নিয়তির এক নিষ্ঠুর গানে।

তীরে দাঁড়িয়ে অক্ষম আমি, দেখছিলাম সেই ভাঙন-খেলা,
শব্দহীন এক অনিচ্ছায়, ডুবল তাদের স্বপ্নের ভেলা।
জলের ওপরে ভাসছিল শুধু, কিছু ভাঙা কাঠ, হাহাকার—
ভেবেছিলাম বুঝি সব শেষ প্রায়, নেমেছে যখন অন্ধকার।

আজ ঝড় নেই নদীর এ পাড়ে, একাকী যখনই এসে দাঁড়াই,
জলের তরঙ্গে কান পেতে আজও, সেই চেনা সুর শুনতে পাই!
অন্ধকারের চাদর সরিয়ে, শান্ত নদীর অতল তলে,
আজও দেখি সেই প্রেমের ছায়া, কাঁপছে গোপন স্নিগ্ধ জলে।
স্মৃতি হয়ে নয়, অনুভবে তারা, নীরব বাঁধনে রেখেছে ধরে—
শর্তহীন ওই মিলন আজও, অতলস্পর্শ হৃদয়জুড়ে।

অশেষ তৃষ্ণা

শুরুটা ছিল পাহাড়ের চূড়ায় — আমি এক নির্বাক নদী,
সাগরের সন্ধানে নেমেছি পথে, পরান-সন্ধি হয় যদি।
অজানা পথের বাঁকে বাঁকে — আমি বুনেছি অনেক আশা,
এই নির্জন চলায় জেগে থাকে — এক অশেষ ভালোবাসা।

যে ভালোবাসার টানে — শিখর ছেড়ে পাথরে আছাড় খাই,
প্রেমিক আমি — ঝর্ণার ধারায় মিলনের গতি পাই।
নামতে নামতে পাথর ঘষে — চূর্ণ করি মোর অহং,
তোমার ছোঁয়ার অপেক্ষায় — মোর প্রতি পদক্ষেপ হয় নরম।

এই নরম স্রোতে ঘিরছে আবেশ — বাড়ছে ব্যাকুলতা,
জলের কলতানে জমে আছে — সহস্র না বলা কথা।
বিরহ যখন মেঘ হয়ে আসে — কুয়াশা ঢাকা বাঁকে,
আমার দুচোখ মরীচিকায় — শুধু তোমার ছবিই আঁকে।

যে ছবি আমার মনের আকাশে — নির্দেশ দেয় দিশা,
ধ্রুবতারা রূপে দেখাও তুমি — অজানা পথের ভাষা।
ক্লান্তি এলেও থামে না — এই ব্যাকুল মিলনের টান,
আমার প্রতিটি ঢেউয়ের আড়ালে — থাকে তোমারই জয়গান।

যে জয়গান মেশে — এসে সদা মোহনার শেষ কূলে,
অস্তিত্ব মোর হারিয়ে ফেলি — মিলনের মায়ায় ভুলে।
হারাতে হারাতে রিক্ত আমি — শূন্য দুহাত আমার,
তবুও অশেষ এই পথ চলা — তোমাতে মিলে যাওয়ার।

ফিরে পাওয়ার এই ব্যাকুলতা — এই যে অশেষ টান,
অধুরা আমি — তুমিহীন আমার, এ এক মিলন অভিযান।
পাওয়া নয় — এই হারানোতেই মোর সার্থকতা মেশা,
আমি তো কেবল তোমার টানে — বয়া অনন্ত এক নেশা।

তুমিহীন আমি

মেঘের সোহাগে পর্বত–চূড়া থেকে নদী হয়ে তোমার আসা,
আমার পাহাড়–দেহে জাগালে প্রথম নিবিড় ভালোবাসা।
শিখর পেরিয়ে ঝরনা হয়ে ঝরে পড়লে মোর কায়ায়,
ক্ষণিক মিলন মেতে উঠল এক মরমী নিঝুম মায়ায়।

মায়ার সে টানে পাষাণ অঙ্গে বইলে শীতল ধারায়,
তপ্ত এ দেহ তোমার পরশে সবুজ স্বপন জাগায়।
পাথরের ভাঁজে লুকিয়ে পড়লে নিগুঢ় পরম টানে,
সে এক মৈত্রী জড়িয়ে আছে এই অনাদিকালের গানে।

গানের সুরেও বেজে ওঠে তব মোহনার ব্যাকুলতা,
জানি তো, এ চ্যুতি কেবলই যে এক আগামীর সার্থকতা।
শৈল–আশ্রয় ছেড়ে তুমি নামবে যে সমতলে,
তৃষ্ণা তোমার মিশে যেতে চায় নীল সাগরের জলে।

জলের ধর্ম বয়ে চলা আর পাহাড়ের কাজ স্থিতি,
তোমায় ভালোবেসে মেনে নিই এই বিরুদ্ধ চিররীতি।
আটকে রাখার তুচ্ছ মায়ায় বাঁধি না তোমায় আর,
ছেড়ে দেওয়াই তোমায় সাজে—এ মোর প্রেমের অলংকার।

অলংকারে সাজুক তোমার সাগরের পথযাত্রা,
আমার রিক্ততাতেই হোক পূর্ণ ভালোবাসার এই মাত্রা।
বিদায়বেলার প্রসন্ন হাসে, সার্থক তুমিহীন এ প্রাণ,
তোমায় মুক্তি দিতে পারাই মোর শ্রেষ্ঠ প্রেমের দান।

আজও আমি তোমায় খুঁজি

আজও আমি তোমায় খুঁজি, স্মৃতির নিরালায়,
অদৃশ্য এক শান্ত মায়া বুকের ভেতর ছায়।
কষ্ট নেই এই না–থাকাতে, নেই তো কোনো দাবি,
আমার বুকের বদ্ধ ঘরে তুমিই কেবল চাবি।

আজও আমি তোমায় খুঁজি, সেই চাবিটির টানে,
নিঃশর্ত এই ভালোবাসার নীরব সংবিধানে।
শূন্যতা আজ আপন ভীষণ, শ্রাবণ ধারায় মেশা,
দূরত্বেও ঘুচলো না ওই তোমায় চাওয়ার নেশা।

আজও আমি তোমায় খুঁজি, গভীর নেশায় ভেসে,
আগলে রাখি তোমার ছায়া অনেক ভালোবেসে।
নদীর বুকে বিকেল যেমন শান্ত চোখে চায়,
বিচ্ছেদও আজ তোমার মতোই আদর মেখে যায়।

আজও আমি তোমায় খুঁজি, বয়ে যাওয়ার ক্ষণে,
অটুট তোমার সিংহাসনটা আমার এই মনে।
অসীম আকাশ তারার আলোয় সাজায় যখন রাত,
নিস্তব্ধতায় ছুঁয়ে দেখি তোমার শীতল হাত।

আজও আমি তোমায় খুঁজি, ছোঁয়ায় পরশ পেয়ে,
নিঃশর্ত এই প্রেম যে বাঁচে তোমার পানে চেয়ে।
নিঃশ্বাসে আজ তুমিই আছো, নেই তো কোনো খেদ,
তোমার–আমার সত্তার মাঝে ঘোচে সকল ভেদ।

সমর্পণেই পূর্ণতা

তপ্ত তটিনী তৃষ্ণায় কাঁদে, চৌচির মাঠ হাসে,
এক ফোঁটা জল মেঘের আঁচলে মৌন মায়ায় ভাসে।
মেঘ জানে না গলে যাওয়ার হিসাব–নিকাশ ক্ষয়,
সে শুধু দেখে তৃষ্ণার ধরা—ডাকে নিবিড়ময়।

তাই নিজেকে ধীরে ধীরে বৃষ্টিতে সে ঢালে,
নিজের ভাঙনেই জন্ম নেয় সে অবিচ্ছেদ্য তালে।
নিঃশেষ হওয়ার সেই উল্লাস, নিঃস্বার্থতার গভীর মান—
যেথায় শব্দ থাকে নীরব, জাগে সমর্পণের গান।

সে রুদ্ধ করে না বৃষ্টির বেগ, দেয় না কোনো বাধা,
উন্মুক্ত হিয়া ধুয়ে নিতে চায় বহু জন্মের কাদা।
এই যে দুজনে মিলেমিশে এক, এই যে একাকার—
সেখানেই গড়ে ভালোবাসারই সত্য অলঙ্কার।

ভালোবাসা মানে দখল তো নয়, নয় শুধু কাড়াকাড়ি;
সমর্পণ মানে নিজেকে বিলিয়ে গড়া শান্তির ঘরবাড়ি।
নদী যেমন মোহনার টানে হারায় আপন নাম,
নিজেকে ঘুচিয়ে খুঁজে পায় সে এক শান্তিধাম।

নাম—পরিচয় মুছে গেলে পর যা কিছু অবশিষ্ট,
সেই শূন্যতা ভরে ওঠে প্রেমে—অতি পরম ইষ্ট।
যদি কোনো দিন মেঘ না গলত, বৃষ্টি—রূপে আকাশ ছেড়ে,
তবে কি মাটির মুগ্ধ—ঘ্রাণ ভাসত শহর জুড়ে?

যদি কোনো নদী হারাত না পথ সমুদ্রে মিলনের টানে,
তবে কি সে জল উঠত মেঘে, ফিরত বৃষ্টিপানে?
নিজেকে হারিয়ে তবেই মেলে নতুন পরিচয়—দ্বার,
ভাঙনের মাঝেই জেগে ওঠে বিস্তারের অধিকার।

সমর্পণ মানে ভাঙন নয়, নয় পরাজয়ের ক্ষতি—
সমর্পণ মানে সত্তার মাঝে প্রসারিত অনন্ত গতি।
শেষে থাকে না আলাদা নাম, বদলে যায় পরিচয়;
মেঘ হয়ে যে জল উঠেছিল, নদী হয়ে সে সদা বয়।

আপন বেগে ছুটে চলে সে সাগরেরই টানে—
সদাই তার বিস্তার ঘটে কেবল রূপান্তরের গানে।
ধরা আর আকাশ তখন এক প্রবাহে বাঁধা;
সমর্পণে পূর্ণ বৃত্ত—প্রেমচক্রে সব গাঁথা।

অদেখা বাঁধন

চারপাশে যখন পাহাড় সমান, থমকে আছে পথ,
ভিতর বাহির স্তব্ধ ভীষণ, অচল মনোরথ।
নিঝুম রাতে একলা আমি, নিভৃত ওই ক্ষণ,
অন্ধকারে গুমরে তখন মরে আমার মন।

মনের অতল তলায় যখন হাহাকারের সুর,
তুই তো তখন আসিস নেমে, শান্তি সুমধুর।
চোখ মেলে তো দেখতে না পাই, নেই তো রূপের রেখা,
তবুও কেন মনে হয় ওই তোরই নীরব দেখা।

দেখার অতীত হয়েও তুই থাকিস আমার পাশে,
তোরই তো ঐ পরম ছোঁয়ায় পরাণ আমার হাসে।
জমে থাকা যত্ত দ্বিধা, গুমোট মেঘের দল,
তোর ইশারায় নামে তখন হয়ে চোখের জল।

জলের ফোঁটায় মিশে থাকে তোরই মায়ার রেশ,
অশ্রুকণায় ফুরিয়ে যাস না, হোস না কভু শেষ।
প্রতিটি বিন্দু যখন ঝরে, ভিজে ওঠে এই বুক,
কান্না ধুয়ে ভাসিয়ে নিস আমার সকল দুখ।

দুখের আঁধার ঘুচে গিয়ে নামে যখন ভোর,
বুঝতে পারি ছিঁড়বে না এই অদেখা বাঁধন–ডোর।
আটকে যাওয়ার সকল গ্লানি, সকল পরাজয়,
তোরই নীরব উপস্থিতিতে পরম মুক্তি হয়।

ছায়াগল্প

ভোরের আলো যখন নামে গাছের নীরব আঙিনায়,
সেই আলো ছুঁয়েই তুমি গড়ে ওঠো ছায়ার মায়ায়।
ডালপালার মতো মিশে থাকো বাতাসের দোলায়,
মূল ছেড়ে না গিয়ে থাকো—নীরব অন্তর-আভায়।

সেই আভা যত বাড়ে দুপুরের প্রখরে,
হারাও না সঙ্গ, থাকো হৃদয়ের গভীরে।
যেমন নদী জানে—পাড় ছোঁয়া তার নিয়তি,
তেমনি তোমার টান রাখে পাশে নীরব অনন্ত স্মৃতি।

স্মৃতির সেই ছবি ম্লান হয় সন্ধ্যার আঁধারে,
তবুও মিলাও না তুমি—থাকো অদৃশ্য আলোর দ্বারে।
যেমন দিনের আকাশে তারারা গোপনে লুকায়,
অদেখা থেকেও দীপ্তি তাদের মনে টিকে যায়।

যা যায় না মুছে—বাজে নিঃশব্দ নিশীথের অঙ্গনে,
তুমি বও দুঃখ-আনন্দ একত্রে স্রোতের গোপনে।
সবাই দেখে শুধু আলো, ভুলে তোমার টান,
যেমন ফুল জানে—মাটির রসে ভরে উঠে তার হাসিভরা প্রাণ।

প্রাণ যেখানে বাঁধা, আলো–ছায়া মিলে,
সেখানেই সৃষ্টির খেলা অনন্ত বৃত্তে চলে।
আর আলো গায় নিঃশব্দে—
"তুমি আলাদা নও, তুমি প্রতিচ্ছবি সত্য,
আমরা মিলেই গড়ি প্রেমের অবিচ্ছেদ্য নিত্য।।"

শর্তহীন ছায়া

শর্ত ছাড়া এই দুনিয়ায়, বাঁচা ভীষণ দায়,
ভালোবাসাও লাভের হিসেব, কষতে শুধু চায়।
একটু যদি কমতি পড়ে, হিসেবেতে রোজ,
সম্পর্কের সুতো কাটে, রাখে না কেউ খোঁজ।

খোঁজ রাখে না আপন মানুষ, জাগে ভীষণ ভয়,
আয়নাতেও অচেনা আজ, নিজের পরিচয়।
অন্য কারো মন জোগাতে, বদলাই নিজের মতো,
ভুলছি নিজের আসল রূপই, নিত্য অবিরত।

অবিরত ছুটছি আমি, পাওয়ার তাগিদে,
নামের পিছে, দামের পিছে, মিটছে কি আর খিদে?
যার তরে আজ বিসর্জিত, নিজের যতো সুখ,
সেও তো খোঁজে লাভের হিসেব, ঘুরিয়ে নিয়ে মুখ।

মুখ ফিরিয়ে নিলে সবাই, বুকে জমলে অভিমান,
তখন বুঝি শর্ত দিয়ে, বাঁচে না তো প্রাণ।
সবার মাঝে থেকেও আমি, ভীষণ রকম একা,
শর্ত ছাড়া ভালোবাসার, পাই না তো আর দেখা।

দেখা যদি পেতাম এমন,একটি ভালোবাসার ঘর,
যেথায় লাভ লোকসান দেখে কেউ, করে না তো পর।
মিথ্যে হিসেব দূরে ফেলে, ডাকতো কাছে টেনে,
আমার যতো খামতি আছে, আপন করে মেনে।

মেনে নিয়ে বাঁধবে মায়ায়, এমন মানুষ কই?
শর্তবিহীন প্রেমের লাগি, তাই তো একা রই।
হিসেব ছাড়া বাসবে ভালো, এমন ছায়া পেলে,
শান্ত হতো ক্লান্ত এ মন, সব অহংকার ফেলে।

লিখনরেখা

কালি–ভরা দেহে স্থির দাঁড়ায় এক দিশাহীন কলম,
অজ্ঞাত সে লিখবে কী, না বোঝে কোন বাণীর ধরন।
শূন্য খাতার বুকে নামে নীরবতার ছায়া,
অদৃশ্য স্রোতে জাগে সৃষ্টির অগণিত মায়া।

সেই স্রোতেই আঁকে রেখা, আলোয় বাঁধে ছন্দ,
শূন্য পাতায় জন্ম নেয় সৃষ্টির অসীম আনন্দ।
অজ্ঞাতের বুকে ফোটে রূপ, ধরা দেয় অব্যক্ত সুর,
সমর্পণের মলয়ে জাগে সৃষ্টির পূর্ণদীপ্ত নুর।

নুরে মাখা কলম ভাবে —তারই তো দাগে সব গড়া,
মনের দম্ভে ভোলে তখন, কিভাবে চলে আত্ম – সৃষ্ট ধরা।
বাস্তবেতে সে যে বাহন, বাঁধা মায়ার ধাঁধায়,
অক্ষরের প্রাণে সত্য জাগে কেবলই স্রষ্টার ছোঁয়ায়।

ছোঁয়ায় মিশে ভেসে আসে অব্যক্ত সুর,
কখনো বা ব্যথার বৃষ্টি, কখনো আশার রোদ্দুর।
খাতার বুকে গড়ে তখন অচেনা এক ব্যাকরণ,
স্রষ্টার অদৃশ্য পরশে প্রাণ পায় প্রতিটি বর্ণন।

যে প্রাণের পরশে বসন্ত–এ শুকনো ডাল হাসে সবুজতায়,
কুঁড়ি ভেঙে রঙিন স্বপ্ন ফুলে পূর্ণতা পায়,
তেমনি ওই শক্তি বাজায় সুর কলমের প্রাণে,
খাতার নীরবতা শব্দ পায় এই রচিত জীবন–গানে ।

সেই গানে ভেসে চলি আমরাও সময়ের ধারায়,
না–জেনেই ফুটে ওঠে বাণী অনন্ত অন্তর–মায়ায়।
নিঃশব্দ সেই স্রোতে ধরা দেয় নিয়তির অসীম মহিমা,
যেন লিখনরেখায় জেগে থাকে অস্তিত্বের অদৃশ্য প্রতিমা।।

মুক্ত দ্রষ্টা

কোলাহলের মিথ্যে ভিড়ে, ছুটছে মানুষ রোজ,
অকারণে ব্যস্ত হয়ে, হারায় নিজের খোঁজ।
মগজটাতে ভয় ঢুকিয়ে, শাসক সুতো নাড়ে,
অন্ধ হয়ে সে পুতুল নাচে, মিথ্যে অহংকারে।

অহংকারে অন্ধ সবাই, বুঝছে না তো চাল,
চারপাশেতে শাসক বোনে, কোলাহলের জাল।
থামলে যদি প্রশ্ন জাগে, তাই তো এতো ভিড়,
ব্যস্ত মনে যায় না হওয়া, একটুখানি স্থির।

স্থির হলে মন শান্ত দিঘি, জাগবে নতুন বোধ,
ভাঙবে তখন এক নিমিষে, মিথ্যে অবরোধ।
ধ্যানের আলোয় যায় যে চেনা, কে বা নাড়ে কল,
স্বচ্ছ রূপে ধরা যে দেয়, শাসকের ওই ছল।

ছলগুলো সব ধরতে পেরে, দ্রষ্টা যবে স্থির,
শাসক তখন ভয় পেয়ে যায়, ভাঙে মিথ্যে ভিড়।
যে মন শুধু দেখতে জানে, নীরব সমর্পণে,
বাঁধবে তারে কিসের সুতোয়, মিথ্যে প্রলোভনে?

প্রলোভনে ভোলে না মন, দ্রষ্টা হলে পরে,
তর্ক এবং ব্যস্ততার এই, মিথ্যে চরাচরে।
সবকিছু সে দেখছে শুধু, দিচ্ছে না তো সায়,
নিয়ন্ত্রণের শেকল তখন, আপনি ছিঁড়ে যায়।

যায় হারিয়ে কোলাহলের, মিথ্যে যতো ভয়,
সাক্ষী হয়ে থাকলে তবেই, করে আসল বিশ্বজয়।
শাসক তারে বাঁধবে কীসে, শান্ত যে জন রয়,
নিয়ন্ত্রণের বাইরে সে যে, মুক্ত দ্রষ্টা হয়।

জীবন তরণী

মাটির তরণী এই দেহখানি, মজবুত তার গড়ন,
রক্ত—মাংসের কাষ্ঠে গড়া এ জীবনেরই আবরণ।
নৌকা যদি জীর্ণ হয় তবে অকুল পাথারে ভয়,
যত্ন নিও এই আধারের, দেহ যে অস্থিময়।

ভিত্তি ছাড়া অট্টালিকা যেমন ধুলোয় মেশে,
সুস্থ দেহের শক্ত কাঠামো পৌঁছায় দূর দেশে।
অস্থির বাতাস মনের মতন, পালের ওপরে টান,
কখনো সে ধীর, কখনো চঞ্চল— যেন ঢেউয়ের মাতন গান।

দিশা হারানো পালের দাপটে নৌকা বিপথে ধায়,
সংযম আর বুদ্ধির জোরে মন নিয়ন্ত্রন চায়।
অস্থির এই পালের বেগেই জীবন তরী ছোটে,
মনের জোরেই অন্ধকারেও ভ্রমের প্রদীপ ফোটে।

কিন্তু কোথায় গন্তব্য তার? কে দেয় পথের দিশা?
চেতনা সে তো ধ্রুবতারা সম— কাটায় তমসা নিশা।
পাল আর নৌকা যতই চলুক, দিশারি না যদি থাকে,
লক্ষ্যহীন এই যাত্রাপথ হারায় সদা গভীর ঘূর্ণিপাকে।

চেতনা হলো সেই নিভৃত আলো, মাঝির গভীর অন্তর্জ্ঞান,
যার ইশারায় খুঁজে পাওয়া যায় জীবনের পূর্ণ ধ্যান।
শরীর যদি স্থবির হয়, মন হয় তখন ভারি,
মন যদি উদাসীন হয়, হারাবে গন্তব্য সারি।

চেতনার আলো না জ্বললে পরে সবই লাগে অন্ধকার,
তিনটি মিলে এক না হলে বৃথা এই জীবনসার।
কেউ তো ছোট নয় এখানে, সমান সবার দান,
তিনটি সুরের মিলনেই ফোটে অখণ্ড মধুর গান।

ভারসাম্যের এই সুতোয় গাঁথা এই জীবন–তরণীখানি,
দেহ, মন আর চেতনার মিলনে সার্থক এক বাণী।
নিজের মাঝেই রাখো তুমি এই ত্রিমাত্রিক ছন্দ,
তবেই ঘুচবে জীবনের যত মোহ আর সব দ্বন্দ্ব।

শান্তি সেই নিরাপদ তট, যেখানে থামে ভ্রান্তি,
সফল হয় সমুদ্র–যাত্রা—স্থিরতায় ঘোচে ক্লান্তি।
পূর্ণতা পায় অস্তিত্ব তখন, ঘুচে যায় সব খেদ,
দেহ, মন আর চেতনার মাঝে থাকে না কোনোই ভেদ।

নির্লিপ্ত দ্বীপ

জীবন–নদী বয়েই চলে গহন কোনো টানে,
অবিরাম তার স্রোতের খেলা—কে বা তাহা জানে?
আমি দাঁড়িয়ে অটল হয়ে নদীর মাঝখানে,
অনাদি এক দ্বীপের মতো, নিজেরেই সন্ধানে।

চারিদিকে মোর সহস্র ঢেউ আছড়ে পড়ে এসে,
কখনো রৌদ্রছায়া, কখনো কালবৈশাখী বেশে।
কভু আসে ক্রোধের প্লাবন, মত্ত কোনো ঊর্মি,
কভু বিষাদ–কুয়াশা নামে—ম্লান হয়ে যায় ভূমি।

সুখের জোয়ার, ঝিলিক দিয়ে হাসায় ক্ষণিক তট,
মুহূর্তেই বদলে ফেলে, রঙিন সকল প্রেক্ষাপট।
আমি ভাবি—আমিই বুঝি,তার সেই উন্মাদনা,
ভুলি মোর আদিম পরিচয়—এক শান্ত অসীম চেতনা।

যদি আমি হতাম কেবল ক্ষণিক আবেগের ফণা,
তবে তো সেই আবেগের সাথেই ফুরোত মোর ঠিকানা।
আমি তো সেই মুক্ত আকাশ, আবেগের মেঘ যেথায় আসে,
বিচিত্র সব রূপ ধরে তারা ক্ষণকালের তরে ভাসে।

তারা সবাই আগন্তুক— চেনা–অচেনা অতিথি,
আসে আর যায় মোর দুয়ারে , নেই কোনো স্মৃতি।
ঘরটি আমার, মালিক আমি, ওরা তো পথিক মাত্র,
আমি তো এক অসীম ব্যাপ্তি, চেতনার এক পাত্র।

অতিথিকে কেন বানাই আমি, মোর ঘরের স্বামী?
আবেগের ভিড়ে কেন হারাই চিরকাল সেই আমি?
শান্তি মানে স্তব্ধতা নয়, নয় তো নিথর জল,
শান্তি হলো দীপ্ত চেতনা—অটুট ও অবিচল।

ঢেউ আসুক, আঘাত করুক, কিংবা করুক খেলা,
আমার কাছে সবই সমান—সবই ক্ষণবেলা।
শান্তি মানে সেই বিস্তৃতি, যেখানে সব ঢেউ–
মিলিয়ে যায় চুপিসারে, খবর পায় না কেউ।

নাম–পরিচয়ের আবরণ ছিঁড়ে দেখি অন্তরের রূপ,
আমি সেই অনন্ত আকাশ, নির্লিপ্ত দ্বীপ স্বরূপ।

আবেগ আসে ঢেউ হয়ে, হারায় নিজের টানে,
ভেতরের স্থিরতাতেই, স্বস্তি জাগে, সদা এই প্রাণে।
ঢেউয়ের স্পর্শ থাকুক মনে, আসুক আমার তীরে,
আমি থাকি আমার মতো— আত্ম শান্তির গভীরে।।

মাটির প্রদীপ

ধূলিকণা আর কাদার ভাঁজে গড়ে উঠেছে দেহখানি,
মাটি আজ রূপে ভরেছে, ছুঁয়েছে প্রাণের ধ্বনি।
স্তব্ধ কুলালের চক্র ঘুরে গড়ল শূন্য আধার,
ফাঁকা পাত্রের গভীরতায় জমে নীরব অন্ধকার।

সেই অন্ধকারে এক স্ফুলিঙ্গ—বাতি নিল আপন ঠাঁই,
মাটির বুকে উঠল জেগে অব্যক্ত বহু কথাই।
দীপ্ত শিখায় জন্ম নিল নীরব সুরের ধ্বনি,
মৃত্তিকা আজ ধন্য, পেয়ে প্রাণের স্পর্শখানি।।

বাইরে তখন ঝড়ের মাতন, কালবৈশাখীর ডাক,
চতুর্দিকে ভ্রমের খেলা, মায়ার ঘন পাক।
শিখাটি কাঁপে থরথরিয়ে, নিভতে চাওয়ার ডরে,
তবুও সে রাখে আলো, আগলে, নিজেরই অন্তরে।

সেই আলোতে মন বুঝে বাইরের সব ভ্রম,
মরীচিকার পিছু ধাওয়া কেবল বাড়ায় শ্রম।
নিজের তেলের দাহেই জ্বলে, নিভৃতে সে আপন প্রেমে,
অদম্য দীপ্তি সাহস জোগায়, সমর্পনেই শান্তি নামে।

সময় যখন ফুরিয়ে আসে, তেলও হয় শেষ,
শিখা তখন নিভতে চেয়ে, ছাড়ে ক্ষণিকের দেহবেশ।
ধীরে ধীরে মিলিয়ে যায়, সেই পুরোনো আলোর রং,
ভেঙে পড়ে মায়ার খেলা, থামে জীবনের ঢং।

নিভেও যেন নিভে না সে, আলোটি যায় মিশে,
অদেখা আঁধার ডাকতে থাকে, তাকে অপলক অভ্যেসে।
মাটি ফিরে যায় মাটির কোলে, আলোটি ফেরে নীড়ে,
অবিনাশী এক গান বাজে , অনন্তের ঐ ভিড়ে।।

পাখির দিশা

অনেক যতনে খড়কুটো বুনি, গড়ে তুলেছি এক ঘর,
ভেবেছিলাম—এই তো জীবন, বাকি সবই চরাচর।
ডালের বাঁধন শক্ত করে বেঁধে, সাজিয়েছি সুখের বাসা,
এই কৃতিত্বেই মগ্ন থেকেছি, মিথ্যে সাফল্যের নেশা।

উঁচু ডালে বসে তখন গর্বে চেয়েছি আকাশ পানে,
অন্য পাখির বাসা ছোট বলে হেসেছি আপন মনে।
ভেবেছিলাম এই কুলায়টিই আমার স্থায়ী বল,
এথায় সদা নিরাপত্তা, নেই কোনো টলমল।

হঠাৎ একদিন আকাশ ভেঙে নামল কালবৈশাখী,
অন্ধকারে মিলিয়ে গেল চেনা বনের ছবি।
কাঁপল শিকড়, দুলল ডাল, ভিজল আমার ভিটে,
বৃষ্টি নামল তলোয়ার হয়ে, পড়ল সোজা পিঠে।

এক ঝটকায় ছিঁড়ে গেল সাজানো স্বপ্নের ঘর,
ধুলোয় মিশে পড়ে রইল শুধু অহংকারের ভর।
বাসা হারিয়ে মনে হলো—এই বুঝি জীবন শেষ,
অন্ধকারে ভেঙে গেল সব মিথ্যে আবেশ।

ঠিক তখনই অন্তর থেকে উঠল চেনা এক আহ্বান,
ডানা মেলল সেই টানেই—দিশা পেল জীবনপ্রাণ।
ডালের শক্তি ছিল ক্ষণিক, আশ্রয় ছিল ভ্রান্ত,
অন্তর ডানাই জানে, জীবন গন্তব্যের শেষ প্রান্ত।

বাসা ছিল কেবল বাইরের রূপ, অহংকারের স্তূপ,
ঝড় না এলে চেনা যেত না হয়ত, দিশার এই স্বরূপ।
ডানা আমায় আকাশ দিয়েছে, কাটায় মায়ার গান,
ভেতর থেকেই শুনি সদা—দিশার নীরব আহ্বান।

নিয়তির স্রোত

নদী তো চায় সাগর–জলে, করতে অবগাহন,
পাহাড়–শিলা বদলে দেয়, তার যে বিচরণ।
অকারণে দিই অপবাদ, পথ সে খোঁজে না একা,
নিয়তির ওই নীরব খাতায়, গন্তব্য তার লেখা।

লেখার ওই বিধান মেনেই, ঝরে গাছের পাতা,
বসন্তের ওই ডাকেই রচিত, তার যে বিদায়–গাথা।
ঝরা মানেই নিঃস্ব হওয়া, নয় তো শূন্য মেলা,
প্রকৃতির ওই অমোঘ স্রোতের, আপন কম্পনের খেলা।

খেলার ওই নিয়ম মেনেই, ঘনায় মেঘের দল,
সূর্যটাকে আড়াল করে, নামায় শ্রাবণ–জল।
মেঘের ওপর মিথ্যে আক্রোশ, আলো তো রয় স্বাধীন,
অপেক্ষার ওই প্রহর শেষে, আসে উজ্জ্বল দিন।

দিনের শেষে ভাঙছে দেখো, শান্ত সাগর–তীর,
অদৃশ্য ওই চাঁদের টানে, জলেরা আজ অধীর।
তরঙ্গ আজ আছড়ে পড়ে, মানুষ করে বিবাদ,
নিয়মটাকে না বুঝে তাই, বাড়ায় অবসাদ।

অবসাদের ঘোরে মানুষ, নিয়ন্ত্রণই চায়,
মিথ্যে বিচার করতে গিয়ে, আপন দিশা হারায়।
আমরা তো সব নিছক যাত্রী, বৃথাই অভিমান,
স্রোতের কাছে সমর্পণেই, মেলে ভাসার প্রাণ।

মনের মাটি

একই মাটিতে জন্ম সবার, একই আকাশ তলে,
তবুও তো কেউ বিষ ছড়ায়, কেউ মধুর ছড়া বলে।
জন্মের সেই প্রথম ক্ষণে চারাটি থাকে একা,
কচি শিকড়ে আঁকড়ে ধরে যা পায় সামনে রাখা।

যদি সে টানে স্বচ্ছ ধারা, আর রোদের আলোয় সাজে,
তবেই শাখা-প্রশাখা ভরে ওঠে সবুজ পল্লবের মাঝে।
কিন্তু যদি সেই অবুঝ শিকড় বিষাক্ত জল টানে,
তেতো হয়ে যায় প্রাণের সুধা, গরল বিষাদ গানে।

আমরাও তো সেই চারাগাছ সম, মন আমাদের মাটি,
সেথায় আমরা রোপণ করি যা পাই খুঁটি-নাটি।
শরীরের ক্ষুধা অন্নে মেটে, নিয়ম সহজ-সরল,
মনের ক্ষুধা মেটে তাতে যা খুঁজি মোরা অবিরল।

চোখে যা ঢোকে প্রতিদিন, কানে বাজে যে সুর,
অজান্তেই মনে জমে থাকে তারই গুণ ভরপুর।
কুটিল বাক্য, বিষম ছায়া যদি নিই বারংবার,
তবে কি জন্ম নেবে সহজ, ন্যায়ের দীপ্ত আচার?

মানুষ সবই মাটির গড়া, গঠনে তফাত নেই,
ভিন্নতা শুধু ভেতর-রসে—কী টেনেছি, সেই।
কেউ বেড়ে ওঠে সত্যের আলোয়, জ্ঞানের স্বচ্ছ জলে,
কেউবা নিজেই ঢালে বিষ, নিজের মনের অতলে।

শিকড় যা টানে, ডালপালা তার ঠিক সেই কথা কয়,
ভেতরের রসদ যেমন হবে, ফলও তো তেমন হয়।
তাই চয়ন করো সাবধানে, কী নেবে আপন মনে,
বিচারের মান ঠিক হবে সেই জমানো রসদ গুণে।
তুমি যা নেবে ভেতর ঘরে, সেটাই হবে তোমার প্রকাশ—
মনের মাটি গড়বে তাতে তোমারই জীবনগাছের বিকাশ।

বোধের মোহ

জ্ঞানের প্রদীপ জ্বেলে ভেবেছিলাম ঘুচাব জীবনের আঁধার কালো,
শ্লোকের পর শ্লোকে খুঁজেছি, কোথায় সে পরম আলো!
মলাটে বন্দি যে স্থির বিদ্যা, তাকেই ভেবেছি জীবনের ধারা,
অক্ষর দিয়ে কখনো যায় কি পড়া, অন্তরের অতল ঝঞ্ঝারা?

ঝড়ের উঠোনে দাঁড়াতে দাঁড়াতে, সব যুক্তি হারায় দিশা,
কাগজের নৌকায় পার হওয়া যায় কি জীবনের উন্মত্ত দশা?
দগ্ধ দেহে যখন জ্বলে, যন্ত্রণায় নীরব আত্মরেখা,
শাস্ত্রের বাণী থেমে যায় সব—মেলে না শান্তির দেখা।

মানচিত্র দেখে কি যায় মাপা পাহাড়ের আসল উচ্চতা?
বিরহে না কাঁদলে কে কবে বুঝেছে, শূন্যতার স্তব্ধতা!
আগুনের রূপকথা শুনে ভেবে নিই, চিনেছি দহনের যত বাঁক,
আঁচ লাগলে, পুড়লে নিজে, বুঝি সব জ্ঞানই তো নির্বাক।

জ্ঞানী সেজে থাকা এক মিথ্যে বিলাসের ছায়া,
উপলব্ধি ছাড়া এ মহাবিশ্বে সবই তো অবচেতন মায়া।
হেঁটে না দেখা পথের কথা পড়ি শুধু বর্ণনায়,
তৃষ্ণার্ত হৃদয় কি অমৃত পায় শাস্ত্রের কালি–ছোঁয়া মিষ্টতায়?

খসে যাক আজ অহংকারের সাজ, ভেঙে যাক ওই বোধের মোহ,
তত্ত্বের দেয়াল ধসে পড়ুক আজ, অনুভবে জাগুক বিদ্রোহ।
শাস্ত্রের পাতা থেকে চোখ তুলে, এই ধুলোমাখা পথে আমি নামি—
উপলব্ধির আগুনে খাঁটি হতে হতে, এই জীবন পথ চলি আমি।।

নীরব উপহার

তীব্র কথার বিষ মাখিয়ে, ছুঁড়ছে যখন বান,
অহংকারের নিয়ম বলে, পাল্টা করো দান।
দানের বদল দিতে গিয়ে, নামছ কেবল নিচে,
শান্ত থাকার আসল শক্তি, খুঁজছ কেবল মিছে।

মিছেই কেন কুড়োবে ওই, শূন্যে ছোঁড়া ছাই?
উপহারটি না নিলে তো, তোমার ক্ষতি নাই।
নাই বা দিলে পাল্টা জবাব, নীরব রাখো মুখ,
দাতার কাছেই ফিরবে দেখো, তার দেওয়া অসুখ।

অসুখ তো তার বুকের ভেতর, বাড়ায় গোপন ক্ষত,
তাই তো সে আজ আঘাত হানে, অন্ধ পশুর মত।
অন্ধ হয়ে লড়তে গেলে, তুমিও যাবে হেরে,
অহংকারের মিথ্যে খোলস, তোমায় ধরবে ঘিরে।

ঘেরের মাঝে না জড়িয়ে, শান্ত রাখো মন,
অসীম আকাশ হয়েই বাঁচো, প্রতিটি এই ক্ষণ।
ক্ষণের ভুলে আকাশ পানে, থুতু ছোঁড়ে যেই,
নিজের গায়েই ফিরবে তা ঠিক, অন্য উপায় নেই।

নেই তো উপায় আকাশ বুকে, আঘাত করার কোনো,
নীরবতাই খাঁটি শক্তি, যদি মনের কথা শোনো।
শুনলে তুমি বুঝবে তবে, কাদা ছোঁড়ার ছল,
সাগর কভু ঘোলা কি হয়, ফেললে নোংরা জল?

জলের মতো স্বচ্ছ হয়ে, রাখো জীবন ধারা,
অপমানের পাথর ছুঁড়ে, ক্লান্ত হবে তারা।
তারা কেবল নিজের বিষে, জ্বলবে অবিরত,
নীরব থেকে আগলে রেখো, মুক্ত সত্তার ব্রত।

অস্তিত্বের অধিকার

মাটি কি কখনও আকাশকে খোঁজে একটু ছায়ার তরে?
নদী কি কভু সাগরে শুধায়— আমায় নেবে আপন করে?
প্রকৃতি তো বাঁচে নিজের তেজে, এই ধ্রুব সংসারে—
তবে মানুষ কেন সম্মানের খোঁজে, ঘোরে অন্যের দুয়ারে?

দুয়ারে ঘোরার গ্লানি জমে যখন, বিবেক আপস করে,
নিজের মেরুদণ্ড নুইয়ে সে তখন অন্যের পিছে মরে।
অভাব থাকলেই কি স্বভাব হারায়? নাকি ভিখারি হয় মন?
পায়ের তলার মাটিই আসল, তুচ্ছ ওই সিংহাসন।

সিংহাসন তো কাঠের তৈরি, ভাঙলে হবে চুরমার,
আত্মসম্মান না বিকিলে তবেই, রুখবে সব অন্ধকার।
অন্ধকারের ঝড়ে বৃক্ষ কি বাঁচে, যদি আলগা হয় তার মূল?
নিজের সত্তা জলাঞ্জলি দেওয়া— এ কি নয় মস্ত বড় ভুল?

বিপরীত স্রোতে নৌকা কি টেকে, যদি না থাকে দাঁড়?
নিজেকে হারিয়ে দেওয়া কি তার শ্রেষ্ঠ উপহার?
করুণার সেই দানে আহার জুটে, জোটে কি অধিকার?
ললাটে দাসত্ব লেপার চেয়ে, একাকী থাকাই সার।

একাকী কেশরী নির্ভয় হাসে, বনান্ত জুড়ে যার মান,
নত হওয়া মানেই কি তবে স্নেহের কোনো আদান?
এই আদান–প্রদানের ভিড়ে আজ নিজেরই কাছে জিজ্ঞাসা—
সম্মান কি কেবল শব্দ? নাকি বেঁচে থাকার এক আশা।

খুশির চাবি

নিজের খুশিতে ঘর বেঁধেছি, কতই আয়োজন,
সাজিয়ে রাখি যতন করে নিভৃত এই মন।
সাগর ছেঁচে মুক্তো আনি, আঁকি রঙিন ছবি,
পরের হাতে তুলে দিচ্ছি আমার খুশির চাবি।

চাবিটি সঁপে ভাবছি মনে, হলাম কত ধন্য,
আমার হাসি বিকিয়ে দিলাম তাদের খুশির জন্য।
ত্যাগী হওয়ার মস্ত নেশায় গড়ছি ভুল এক ভ্রম,
বুঝতে নারি মনের ঘরেই হচ্ছি নিজে অধম।

পরের ইশারা মাপকাঠি আজ, পরের মর্জি সব,
নিজের ভেতর স্তব্ধ সকল সুখের কলরব।
তিনি হাসলে ভোরের আলো, তিনি কাঁদলে মেঘ,
আমার শ্বাসও চলছে যেন, মেনে তাঁরই আবেগ।

আবেগের এই পরগাছা হয়েই কাটে প্রতিটি ক্ষণ,
পরের খাঁচায় বন্দি এখন আমার অবুঝ মন।
খুশির চাবি অন্যের হাতে, আমি শুধু এক ধাঁধা,
মুক্তি পাওয়ার সহজ পথেও মায়ার বিষম বাধা।

বাধার পাহাড় ডিঙিয়ে আমি কি আর, খুঁজি সেই পথ?
ফেরাতে কি পারব আমার হারানো খুশির রথ?
খুশির সেই চাবি সঁপে আমি কি তবে ধন্য?
নাকি খুশির খুনের দায়ে নিজেই আজ নগণ্য?

স্রষ্টার অস্তিত্ব

আপন অন্তর না চিনলে, লাগে জগৎ খাঁটি,
মায়ার বশে ভাবছি আমি, সোনার এই মাটি।
মরুভূমির মরীচিকায়, জাগছে চরম তৃষা,
মিথ্যে ঘোরেই কাটছে আমার, অন্তবিহীন নিশা।

নিশার আঁধার গললো যখন, জাগলো আলোর দিশা,
ভাঙলো চোখের সামনে থেকে, মায়ার অপরূপ শিশা।
ভোরের গানে সূর্য যেমন, ছড়ায় আলোর বান,
স্রষ্টার ওই অমোঘ টানে, ফিরলো আমার প্রাণ।

প্রাণের ছোঁয়া লাগলো বুঝি, পাতার নীরব গানে,
ক্ষুদ্রের মাঝে অনন্তকে, আজ যে হৃদয় মানে।
নদী স্রোতে ভাসলো যখন, পেরিয়ে বহুদুর,
অদৃশ্য ওই বাণীর খোঁজে, বাজলো নতুন সুর।

সুরের স্রোতে মিশলো নদী, নীল সমুদ্রের বুকে,
অগণিত ঢেউয়ের খেলায়, মাতলো হৃদয় সুখে।
প্রতি তরঙ্গে ভাসছে দেখো, প্রতিধ্বনির গান,
অনুরণনে বুঝলো হৃদয়, স্রষ্টার ওই টান।

টানের বশে ঘুরছে দেখো, চন্দ্র–সূর্য–তারা,
দিন–রাতের ওই চক্রে বাজে, শাশ্বত এক ধারা।
আদি থেকে অন্ত অবধি, এই তো পরম তত্ত্ব,
স্রষ্টার অস্তিত্বেই এই বিশ্ব, চলছে অবিরত।

অবিভাজ্য সত্য

যাঁকে ছাড়া এই আমিটা, নিছক একটা ভুল,
বদল হলে ছিন্ন যে হয়, বেঁচে থাকার মূল।
মাটি হাওয়া অগ্নি জলে, পাই যে আমি প্রাণ,
আকাশ এবং সৃষ্টি জুড়েই, গাই তাই প্রেমের গান।

গান থামিয়ে দেখি আমি, হাওয়ার বুকে আজ,
মাটি এবং জলের স্রোতে, চলে তারই কাজ।
কাজ তো তার এই মহাকাশে, দীপ্ত অনল মাঝে,
তারই গড়া চরাচরে, প্রেমের পরশ সাজে।

সাজের এমন পবিত্রতা, সমাজ কি আর চেনে?
হানাহানির ধর্মটাকে, নেয় কেনো তারা মেনে?
অবুঝ প্রাণের রক্ত মেখে, খুঁজে তারা পুণ্য,
শ্যামল ছায়া পুড়িয়ে দিয়ে, করছে ধরা শূন্য।

শূন্য মনের আঁধার ঘরে, তুলছে বিভেদ রেখা,
অসীম যিনি, খণ্ড করে, যায় কি তাঁকে দেখা?
পারলে তুমি হাওয়ার বুকে, টেনে দেখাও দাগ,
অগ্নি এবং জলের স্রোতে কি, করতে পারো ভাগ?

বিভেদ রেখা টানতে যদি, পারো আকাশ চিরে,
তবেই তোমার ধর্ম মেনে, ভাসবো ভুবন ঘুরে।
স্রষ্টা কে ভাগ করা কি, আদৌ যায় ঠিক?
ভন্ডামীর গন্ডি বেঁধে, কেনো ভুলায় দিক?

দিক হারিয়ে সমাজ কেবল, বাড়ায় মিথ্যে ভার,
প্রকৃতির ওই অসীম প্রেমই, অস্তিত্বেরই সার।
অবিভাজ্য প্রকৃতিটাই, দেয় যে নতুন দৃষ্টি,
তোমার গড়া ধর্মগুলো, নয়কি দম্ভ সৃষ্টি?

তরঙ্গের স্পন্দন

রীতি মেনে, মন্ত্র পড়ে, স্রষ্টার দেখা কি মেলে?
'ভালো মানুষ' সাজার মোহ, ছদ্মবেশে চলে।
মুখোশ পরা এই জীবনে, খুঁজছি তারে রোজ,
বাহিরে এতো শব্দ করে, পাই কি আসল খোঁজ?

খোঁজ মেলে না, শব্দ দিয়ে, নিরাকারের সনে,
আসল ভাষা, লুকিয়ে যে রয়, নীরব স্পন্দনে।
সৃষ্টি জুড়ে, ওই সুরেতে, অরূপ আসে নেমে,
খাঁটি হয়েই, জুড়বো আমি, শর্তবিহীন প্রেমে।

প্রেমের বাঁধন, জুড়তে হয় যে, খাঁটি সত্তা দিয়ে,
অহংকারের মিথ্যেগুলো, সমর্পণে ধুয়ে।
নিজের কাছে নিজের যেদিন, লুকোছাপা নাই,
সবটা ছেড়ে শান্ত হলে, পরম তারে পাই।

পাই যে তারে, শক্তি রূপে, নিখিল চরাচরে,
তরঙ্গতেই মহাবিশ্ব, বিরাজ সদা করে।
গাছের পাতা, ধূলিকণায়, শক্তিরই যে বাস,
খাঁটি হলেই পাবো ঠিকই, পরম সে আভাস।

আভাস যবে, পাবো আমি, নিজের খাঁটি রূপে,
মিথ্যে ভানের কী প্রয়োজন, মন্ত্র এবং ধূপে?
ভেতরের ওই সত্যটাকে, যেদিন নেবো চিনে,
বিপুল শক্তি বাজবে বুকে, গুঞ্জবে রাত্রি দিনে।

দিনে রাতে, অহং ভুলে, শান্ত করি মন,
শর্ত ছাড়া করতে শিখি, আপন সমর্পণ।
খাঁটি সত্তার পরশ পেলে, ঘুচবে সকল ভয়,
স্পন্দনেতেই স্রষ্টার সাথে, অখণ্ড পরিচয়।

স্রোতের অনুকূলে

কিসের এতো বিদ্যে ফলাও, পুঁথির পাতা ঘেঁটে?
সৃষ্টিমাঝে দেয়াল তোলো, বিভেদ রেখা কেটে।
যে জ্ঞান শুধু তফাৎ খোঁজে, বিচার করে রোজ,
প্রাণের এই যে মহামিলন, রাখো কি তার খোঁজ?

খোঁজ রাখে না অন্ধ দম্ভ, আপন কে করে পর,
অহংকারে পুড়ছে দেখো, জগৎ চরাচর।
যে জ্ঞান কাটে নিখিল সাথে, বাঁধে মায়ার এই ডোর,
সত্যি করে বলতে পার, ভাঙবে কবে ঘোর?

ঘোর কাটিয়ে দেখো এবার, মুক্ত এ ভুবন,
গাছ ও পাখি, নদীর জলে, নেইকো বিভাজন।
কোনো রকম শর্ত ছাড়া, ছড়ায় তারা প্রাণ,
সহজ স্রোতে ভাসছে তারা, গেয়ে জীবন গান।

জীবন মেলাও ওই স্রোতের সাথে, সহজ সমর্পণে,
তর্ক এবং দম্ভগুলো, না রেখে নিজের মনে।
যেদিকে যায় জীবন নদী, সেদিকে আজ চলো,
বিভেদ ভুলে সবার সাথে, প্রেমের কথা বলো।

যে প্রেম হয় শর্ত ছাড়া, ফলবে মনে যবে,
গাছ ও পাখি, সৃষ্টি জগৎ, আপন তবে হবে।
বইয়ের পাতায় যায় কি শেখা, নিঃস্বার্থ এই টান?
জ্ঞানের দম্ভ মিথ্যে সবই, প্রেমই তো মহান।

মহান সে তো, যে অখণ্ড প্রেম, বিলায় চরাচর,
জ্ঞানের দম্ভ ভাসিয়ে দিয়ে, ভাঙে আপন পর।
শর্ত ছাড়া প্রেমের মাঝেই, আসল বিশ্বজয়,
স্রোতের অনুকূলে ভাসলে তবেই, মনের শান্তি রয়।

অসীম বর্তমান

আমি দেখি সূর্য ঘোরে ক্লান্তিবিহীন পথে,
দিন ফুরোলে আঁধার নামে অস্তরাগের রথে।
অথচ স্থির অগ্নিকুণ্ড, পৃথিবীটাই ঘোরে—
ভ্রমের মায়ায় সত্য হারায় আমার চোখের তরে।

তেমনি করেই ভাবি আমি, সময় বয়ে যায়,
অতীত যেন লুকিয়ে পড়ে স্মৃতির ইশারায়।
কিন্তু সময় থমকে আছে আদিম নীরবতায়,
নেই অতীত, নেই আগামী মহাকালের ছায়ায়।

সবই এখানে বর্তমান, সবই একাকার,
মহাজাগতিক শূন্যতায় এ অসীম পারাবার।
শুধু আমারই এই সত্তা, অদেখা এক সুরে,
তরঙ্গের কম্পনেই যায় যে ভেসে দূরে।

যে তরঙ্গে বাঁধি আমি নিজের অনুভব,
সেই জগৎটাই সত্যি হয়, মুখর হয় সব।
সময় কোনো নদী নয় যে ছুটবে অবিরাম,
চেতনার এই অসীম যাত্রাই হলো জীবনের নাম।

তাই তো যখন স্মৃতির কাছে অশ্রু হয়ে ঝরি,
অতীত ভেবে মিথ্যে কেন নিজেকে রিক্ত করি?
বুঝতে পারি—হারায়নি তো কিছুই মহাকাশে,
ভুল তরঙ্গে আছি বলেই কষ্ট ফিরে আসে।

কম্পনটা বদলে দিলেই পালটে যাবে দৃশ্য,
আমার বুকেই ঘুমিয়ে আছে অনন্ত এই বিশ্ব।
অতীত আর আগামী দিনের কাটলে সকল ভ্রম,
সঠিক সুরে গড়ব ভুবন নিয়ে অসীম উদ্যম।

মালিকানার দাবিদার

বুকের ভেতর হৃৎপিণ্ডটা, চলছে আপন ছন্দে,
নিশ্বাসরাও বইছে নিজে, বিনা কোনো দ্বন্দ্বে।
দেহযন্ত্র, রক্ত–শিরা, নেই কো নিজের বশে,
তবুও মানুষ 'মালিক' ভেবে, মিথ্যে জাঁকে বসে।

বসে বসেই 'আমি' নামের, অহং জাগে বুকে,
নিয়ন্ত্রণের বাইরে শরীর, চলছে আপন সুখে।
স্বতঃস্ফূর্ত এই যে জীবন, চলছে আপন নিয়মে,
তারই ওপর মালিক সেজে, মানুষ বাঁচে নিছক ভ্রমে।

ভ্রমের বশে মানুষ ভাবে, 'আমি' আলাদা কেউ,
অস্তিত্বের এই বিশাল স্রোতে, সে যে স্পন্দনের ঢেউ।
সাগর জলের ঢেউটা যেমন, সাগরেরই তাজ,
তেমনি এই মহাবিশ্বের তরঙ্গে, মানুষ করে রাজ।

আলাদা ওই 'আমি' নামের, মিথ্যে শুধু ছায়া,
বিশ্ব–স্রোতের অংশ হয়েই, গড়া এই কায়া।
ঢেউএর স্পন্দন সাগরেরই, যেমন অবিচ্ছেদ্য প্রাণ,
মানুষ তেমনি মহাবিশ্বের, নীরব তরঙ্গ গান।

গানের সুরে প্রশ্ন জাগে, কে এই মালিকানার দাবিদার?
অজানাতেই ঘটে চলেছে দেহনৌকার কারবার।
সবই যদি মহাবিশ্বের, নিয়মেরই দান,
মালিকানার মিথ্যে দাবিতে কেন এত অভিমান?

অভিমানের মিথ্যে দাবি, ফুরোয় যখন শেষে,
বিন্দু হয়ে ওই মানুষটা, বিশ্ব তরঙ্গেই মেশে।
সেই সাগরে মিশলে মানুষ, ভাঙ্গে অহংকার,
চিরতরেই যায় যে মুছে, 'মালিকানার দাবিদার'।

www.ingramcontent.com/pod-product-compliance
Lightning Source LLC
LaVergne TN
LVHW100319210926
848480LV00003B/1183